Klimaneutral
Verlag
ClimatePartner.com/53585-1805-1001

Bibliografische Information der Deutschen Nationalbibliothek:
Die Deutsche Nationalbibliothek verzeichnet diese Publikation in der Deutschen Nationalbibliografie; detaillierte bibliografische Daten sind im Internet über www.dnb.de abrufbar.

oekom – Gesellschaft für ökologische Kommunikation mbH
Waltherstraße 29, 80337 München

Coverabbildung: M. C. Escher's »Man with Cuboid«, © 2021 The M. C. Escher Company-The Netherlands. All rights reserved. www.mcescher.com
Covergestaltung: Mirjam Höschl, oekom verlag
Satz: Markus Miller, München
Korrektorat: Petra Kienle

Druck: GGP Media GmbH, Pössneck

ISBN 978-3-96238-366-4

MIX
Papier aus verantwortungsvollen Quellen
FSC® C014496
FSC
www.fsc.org

Peter L. W. Finke

Mut zum Gaiazän

Das Anthropozän hat versagt

Mit einem Vorwort von
Ernst Ulrich von Weizsäcker

Für Barbara

Vorbemerkung

Anfang Dezember 2019 kam es rund 60 Jahre nach unserer Schulzeit in Göttingen zu einem Wiedersehen mit Ernst Ulrich von Weizsäcker. Beide, er als Naturwissenschaftler und ich als Kulturwissenschaftler, hielten wir eine Neue Aufklärung für notwendig. Weizsäcker hatte hierzu gemeinsam mit seinem Co-Präsidenten des Club of Rome, Anders Wijkman, das Buch *Wir sind dran* vorgelegt, es wurde für mich zum Auslöser für eine Ergänzung aus geisteswissenschaftlicher Perspektive.

Während ich das Buch schrieb, breitete sich ein neues Virus über alle Länder der Erde pandemisch aus. Natürlich gab es einen Zusammenhang zwischen beidem: dem Anthropozän und der Covid 19-Pandemie und ich nahm deshalb Stationen ihrer Entwicklung in die Darstellung der zehn Kapitel meines Buches auf. Außerdem wollte ich viele weitere Zusammenhänge verdeutlichen und in Fußnoten belegen, die in der hochspezialisierten Wissenskultur der Gegenwart oft unter den Tisch fallen. Dadurch wurde das Buch immer länger, zuletzt über 500 Seiten stark.

Dies war der Beginn der Idee einer zweiten Fassung. Sie wurde entschieden kürzer und – hoffentlich – auch leserfreundlicher. Unter dem Titel *Mut zum Gaiazän* liegt sie hiermit vor, inklusive eines Vorworts von Weizsäcker. Die Langfassung wird es trotzdem geben: Im Open-Access-Format wird sie voraussichtlich Mai 2022 über die Homepage des Verlags kostenlos erhältlich sein.

Inhalt

TEIL II: HIN ZUM GAIAZÄN
ÜBER DIE ZUKUNFT

Vorwort: »Wir sind dran«

Ernst Ulrich von Weizsäcker

»Ich möchte dem Anthropozän die Leviten lesen«, hat Peter Finke mir gesagt, als er erklärte, was er mit seinem Buch erreichen wolle. Meine Antwort war: »Mach das, es ist nötig.« Das Wort Anthropozän ist noch ziemlich neu. Es beschreibt grausig realistisch die Tatsache, dass die Spezies Mensch heute unseren Planeten beherrscht. Selbst das Klima, der Meeresspiegel, die Erdbewegungen werden von der Menschheit verändert.

Das letzte Mal, dass eine einzige Spezies den Planeten Erde massiv verändert hat, war die Entstehung der Sauerstoffatmosphäre. Vor etwa 2,4 Milliarden Jahren entwickelten sich in einem evolutionären Prozess Cyanobakterien. Diese gaben den in ihrer Nahrung enthaltenen Sauerstoff gasförmig an die Atmosphäre ab. Dieses aggressive Gas reicherte sich zunächst nicht dort an, sondern ging zunächst im Meer chemische Verbindungen mit Metallen, Methan oder Kohlenstoff ein und es dauerte weitere Hunderte von Jahrmillionen, bis diese Potenziale der Sauerstoffbindung halbwegs erschöpft waren. Dann aber entstand – sehr langsam, aber sich vor etwa 700 Millionen Jahren intensivierend – die sauerstoffhaltige Atmosphäre. An diese mussten sich nun Einzeller, Pflanzen und Tiere schrittweise anpassen. Aber auch das geschah und der Reichtum der biologischen Arten nahm ständig zu. Lynn Margulis und James Lovelock haben dieses erstaunliche Phänomen in ihrer »Gaia-Hypothese« vor gut 50 Jahren formuliert.

Die Auswirkungen von uns Menschen auf unseren Planeten und auf die biologische Vielfalt sind leider das Gegenteil von damals. Täglich verschwinden etwa hundert Tier- und Pflanzenarten auf Nimmerwiedersehen von unserer Erde. Das kommt daher, dass wir unersättlich immer mehr Landschaft unter den Pflug nehmen, um die rasant wachsende Erdbevölkerung zu sättigen und die ständig steigenden Konsumwünsche der Menschen zu befriedigen. Das Anthropozän ist für die nicht vom Menschen kultivierten Tiere und Pflanzen die reinste Katastrophe, weil unser »Kultivieren« der Natur den Lebensraum wegnimmt. Einem derart destruktiven Erdzeitalter und seinen Verursachern muss man dringend die Leviten lesen.

Das geht aber nicht durch primitives Geschimpfe. Wir müssen die Geistesgeschichte, die dahinter steht, begreifen. In einem sehr vereinfachenden Satz kann man sagen: Erst die Europäische Aufklärung hat die industrielle Revolution und später das Superwachstum ermöglicht, das zur heutigen Realität des Anthropozän führte. Bis etwa 1800 hat die Menschheit zahlenmäßig nur langsam zugenommen und blieb der Pro-Kopf-Wohlstand ungefähr konstant. Dann begann die industrielle Revolution und verdoppelte bis 1950 sowohl die Menschenzahl als auch den Pro-Kopf-Konsum. Doch erst nach 1950 kam es zur Wachstumsexplosion. Die Zahl der Menschen verdreifachte sich schnell und der Pro-Kopf-Konsum hat sich größenordnungsmäßig verzehnfacht.

Die Europäische Aufklärung war zunächst einmal eine phantastische Befreiung. Sie brachte uns eine neue Kultur der Wissenschaft, der Technologie, der Wirtschaft und der Politik. Die neue Politik war am sichtbarsten in der Französischen Revolution und der fast gleichzeitigen Verabschiedung der US-amerikanischen Verfassung. Technologie und Wirtschaft assoziiert man mit James Watts Dampfmaschine, der Eisenbahn, der Schwerindustrie, der industriellen Massenfertigung von Textilien und anderen Konsumgütern und schließlich dem Frühkapitalismus.

Aber zeitlich und logisch davor stand noch die aufgeklärte Wissenschaft. Als Francis Bacon in seinem *Novum Organon* das genaue Hinschauen, die Empirie in die Wissenschaft einführte und René Descartes die Menschen als die Meister und Eigentümer der Natur bezeichnete, war das ein zivilisatorischer Umschwung zugunsten der Menschen. Auch Isaac Newton, Immanuel Kant, Jean-Jacques Rousseau und viele andere prägten den Umschwung mit. In neuerer Zeit setzte sich als Methodik die Analytische Philosophie durch, bei welcher die Spekulation verpönt und das gedankliche und materielle Sezieren bis ins Kleinste als die Krönung der Wissenschaft aufgefasst wurde. Heutige Peer review-Publikationen, die die Grundsubstanz vieler akademischer Karrieren darstellen, stehen fast ausnahmslos auf dem philosophischen Boden dieser Sorte von Analyse. Anglo-amerikanische Zeitschriften und Universitäten setzen damit Maßstäbe, die weltweit zu respektieren sind.

Angesichts dieser Entwicklung dürfen wir Europäer nicht verschweigen, dass die Aufklärung bis tief ins 20. Jahrhundert hinein auch mit Kolonisierung, Rassismus und Machtergreifung auf der ganzen Erde einherging. Die Eroberer hatten subjektiv das Gefühl, die hochstehende Kultur oder auch das edle Christentum zu verkörpern und berechtigt zu sein, diese in die Welt zu tragen. Sklaverei und Ermordung von Menschen »niedriger« Stämme waren Teil dieser Arroganz. Doch wenn man dem Anthropozän die Leviten lesen will, darf man heute auch die Kritik an der gnadenlosen Dominanz der Analytischen Philosophie nicht auslassen. Peter Finke kennt sie gut; er hat sich nur langsam von ihr gelöst. Hier liegt die wahre Stärke seines Buchs.

Es geht deutlich über die bisherigen Darstellungen hinaus. Als Kontrast zum naiv verherrlichten Anthropozän schlägt sein Autor einen neuen Namen für die jene Zerstörung überwindende Moderne vor: das Gaiazän. Das wäre ein Erdzeitalter, das zwar sehr wohl immer noch von der Spezies Mensch geprägt ist, aber mit dem Raubbau an der Natur und der Arroganz der westlichen

Zivilisation auch die Primitivität der Analytischen Wissenschaftsphilosophie überwindet. Gaia steht für die Erde, wie es schon in der Gaia-Hypothese der Fall war.

Der positive Teil der aufgeklärten Wissenschaft wird vielleicht bei Kant besonders deutlich: dass wir Menschen auch vernünftig handeln können. Was wir um der Ehrlichkeit willen natürlich nicht verschweigen dürfen ist die Tatsache, dass wir um des primitiven Nutzens willen das vernünftige Handeln gerne unterlassen. Auch die Wissenschaft nährt oft die Illusion der Gewissheit, obwohl eigentlich klar sein müsste, dass nur Details exakt sind, nicht das Ganze. Und sie betreibt nicht sehr aktiv die Aufdeckung teils lange zurückliegender, teils auch jüngerer, vermeidbarer, aber oft folgenreicher Irrtümer und Fehleinschätzungen.

Daher ist dies auch das Buch einer Gratwanderung: Es kritisiert die heutige Wissenskultur hart, aber es ruft nicht zur Abkehr von der Wissenschaft auf. Das zu unterscheiden ist dem Autor und mir sehr wichtig. Peter Finke verteidigt sie, wo er kann. Er lehnt sie nicht ab, sondern freut sich über ihre Errungenschaften, doch er schätzt diese sehr viel bescheidener ein als viele andere. Es lohnt sich für auf Ehrlichkeit setzende Leserinnen und Leser, mit dem Autor mitzugehen, wenn er zeigt, dass sich Wissenschaft zwar um Wahrheit und Objektivität bemüht, diese aber nicht immer erreicht. Gute Wissenschaft setzt auf Rationalität, nicht auf Rationalismus oder naiven Empirismus. Die moderne Menschheit hat von der Analytischen Philosophie viel gelernt, muss heute aber lernen, den Blick für deren Begrenztheit zu behalten.

Peter wollte ein vergleichsweise lesbares Buch über eine komplexe Sache – die Notwendigkeit einer neuen Aufklärung – schreiben. Er wendet sich deshalb bewusst an ein breites interessiertes Publikum. Wir beide gingen zu gleicher Zeit, aber in vier Jahre auseinanderliegenden Jahrgängen auf das damals voll altsprachliche Göttinger Max-Planck-Gymnasium. Wiedergesehen haben wir uns erst 2019, nach sehr verschiedenen Lebenswegen. Aber wir kamen doch zu einer gemeinsamen Überzeugung: dass die Menschheit, wenn sie den im Anthropozän zu befürchtenden Untergang vermeiden will, auf ein ziemlich radikal anderes Denken umschwenken muss.

Wir meinen beide, dass Lynn Margulis und James Lovelock nicht ganz falsch liegen, wenn sie den Planeten Erde wie ein lebendes Wesen wahrnehmen. Das soll mit dem hier vorgeschlagenen Namen »Gaiazän« zum Ausdruck gebracht werden. In unserem Club of Rome-Buch *Wir sind dran* rufen Anders Wijkman und ich deshalb nach einer Neuen Aufklärung, die die Enge und Grausamkeit der utilitaristischen und kurzsichtigen Form der Europäischen Aufklärung abschüttelt. Wir laden dort dazu ein, sich hieran zu beteiligen. Als vor allem mit Wissen, Sprachen und Kulturen erfahrener Geisteswissenschaftler ergänzt Peter Finke jetzt unsere wirtschafts- und naturwissenschaftliche Argumentation um wichtige Aspekte, die wir dort nicht oder nur teilweise behandelt haben. Er spitzt das Problem zu Recht auf die Verantwortung unserer Wissenschaftskultur zu, die hinzulernen muss, wenn sie die Reparatur der gemachten Fehler anführen können soll.

Und das ist im Sinne der Vernunft und der Erhaltung von Erde und Leben mehr als wünschenswert: Es ist notwendig.

Gaia, erschrockene Zeugin, das Anthropozän abwehrend

(Detail aus der »Gigantenschlacht« auf einer rotfigurigen attischen Schale; Nachzeichnung 1886)

Einleitung: Die objektive Zeugin

Über Wirklichkeitsverluste

Gaia sieht mehr als wir. Ihr Horizont ist räumlich und zeitlich weiter gespannt als der von uns Menschen. Und deshalb war die Gaiatheorie von James Lovelock und Lynn Margulis ein Meilenstein mutiger Wissenschaft. Ich habe das erst sehr spät gemerkt. Sie bedeutete viel mehr als die esoterische Spinnerei, als die sie manche Leute noch heute abtun. Auch die meisten ihrer seriösen Kritiker wie etwa Glenn Shaw oder Peter Ward trauten sich nicht, über die herrschende Wissenskultur hinausblicken. Jene Hypothese jedoch machte den Versuch, beides zu vereinbaren: die geltenden methodischen Regeln weitgehend zu befolgen und dennoch ein neues Denken in der Wissenschaft zu begründen. Denn das, was wir »Wissenschaft« nennen, ist zwar gut, aber noch nicht gut genug. Wir haben nichts Besseres, um unsere Krisen zu bewältigen. Der Nebel des Nichtwissens ist sehr dicht.

Die Wissenschaft hat einem niederländischen Chemiker, Paul Crutzen, mit seinen Forschungen zum Ozonloch 1995 den Nobelpreis eingebracht. Einige Jahre später nannte er die Jetztzeit – ältere Vorschläge aufgreifend – das »Anthropozän«. Er erkannte auch, dass sie sich im 20. Jahrhundert zu einem wahren Katastrophenzeitalter entwickelte. In dieser Beschreibung irrte er sich nicht, auch nicht damit, es als ein neues Erdzeitalter auszurufen. Denn wir haben inzwischen in den Böden, den Meeren und in der Luft unsere eigenen Produkte hinterlassen, für lange Zeit.

Freilich, etwas sehr Wichtiges erkannte er nicht: was es bedeutet, dass wir dieses Anthropozän zu einer Ideologie gemacht haben, der wir nun folgen wie die Kinder dem Rattenfänger von Hameln. Wir beschädigen damit vieles, auch die Wissenschaft selbst. Aber die Naturwissenschaft merkt das nicht, sie fühlt sich nicht zuständig für Ideologien. Sie sind Kulturprodukte. Erdzeitalter können Menschen nicht nach Belieben beginnen und beenden. Hier ist das im Prinzip anders: Das Anthropozän ist kein reines Erdzeitalter. Es ist insbesondere eine sehr weitreichende Ideologie geworden, der Homo-Deus-Stolz »Wir sind die Größten!«. Ich schreibe dieses Buch als Aufruf, mit ihr so schnell es geht Schluss zu machen; sonst führt sie uns und die ganze belebte Erde in den Abgrund. Das sagen auch Naturwissenschaftler. So weit darf es nicht kommen, denn sie ist der Entstehungsort und Raum des ganzen Lebens, sowohl seiner kulturellen Erfolge, aber auch all unserer Dummheiten. Das ganze Leben aber ist weit mehr als das menschliche Leben. Gaia ist für alles eine objektive Zeugin.

Die anthropozentrische Ideologie besteht darin, die bescheidenen Fortschritte, die wir Menschen mit unserer geistigen und kulturellen Entwicklung gemacht haben, gewaltig zu überhöhen. Statt an Götter glauben wir jetzt an uns selbst und an »die Wissenschaft«. Doch wir haben deren ursprüngliche Einheit im Anthropozän in tausend Einzeldisziplinen zerlegt, die wir jetzt durch »interdisziplinäre Forschung« mühsam und unvollständig wieder untereinander zu verkoppeln versuchen. Dabei übersehen wir andere Irrtümer und Fehler, die zum Teil schon alt sind und sich inzwischen fest eingenistet haben. Manche sind auch neu, einige bereiten wir erst vor. Die Wichtigsten spreche ich in diesem Buch an. Ich nenne sie »Wirklichkeitsverluste«, ein anderes Wort für Ideologie.

Doch warum ist das so? Die heutige Wissenschaft war als kulturelle Errungenschaft zwar ein Fortschritt, aber nicht zu Ende gedacht, um der Erde und ihrem Leben langfristig eine echte Zukunftsperspektive zu geben. Wie das?! Sie ist doch von den besten Denkern der jeweiligen Zeit begründet worden! Jetzt stoßen wir zum Kern des Problems vor: *Weil die Wissenschaft, die wir haben, nicht unschuldig am Anthropozän ist, sondern Beteiligte:*

Mitdenkerin, ja Vordenkerin, sogar Wegweiserin, zumindest Mitverursacherin, doch in Manchem auch Hauptverursacherin. Ein Bruch durchzieht sie. Sie ist nicht die neutrale Analytikerin. Es ist diese aktive Rolle der Mittäterin, die irritiert. Doch sie ist noch aktuell, das Stück »Anthropozän« mit der Wissenschaft in einer der Hauptrollen läuft noch immer.

Im 18. und 19. Jahrhundert war sie schon einmal eine von vielen verehrte Hoffnungsträgerin. Doch im 20. Jahrhundert hat sie sich auf derart todbringende Anwendungen eingelassen, dass sie diesen Ehrentitel schnell wieder verlor und für viele sogar zur Angstmacherin wurde. Es ist, als ob wir uns an einer schönen alten Fassade ergötzten; sie ist aber womöglich nicht echt und täuscht nur vor, wie es dahinter wirklich aussieht. Es sieht ganz so aus, als klebten wir angeblich Wissenden im Fassadenzeitalter Anthropozän fest wie mit der Pattextube angeleimt. In Wirklichkeit bleiben wir die Nichtwissensgesellschaft, die bereits Sokrates beschrieb. Das hat ihn das Leben gekostet, weil die Fassaden schon damals errichtet wurden und seine Richter beeindruckten.

Ich schreibe dieses Buch bewusst auf Deutsch und aus einer europäischen Perspektive. Warum? Weil die Wissenschaftskultur, die wir haben und die das Anthropozän führend mitzuverantworten hat, zu wesentlichen Teilen ein europäisches Produkt ist. Unsere eigene Aufklärung lernen wir heute als historische Epoche im Geschichtsunterricht kennen, die zwischen dem Ende der Renaissance und dem frühen 19. Jahrhundert lag. Mit dem Weckruf dieser Aufklärungsepoche lassen die Historiker die Neuzeit beginnen und am Beginn der technischen und industriellen Revolution lassen sie sie dann wieder enden. Es bleibt offen, warum. Hatte sie vermeintlich genug gewirkt, war ihre Energie verbraucht oder gab es noch andere Gründe?

Sie war zweifellos sehr wirksam. Sie hat uns die Moderne beschert: die Wissenschaft, die Demokratie, die Wirtschaft, alles, wie wir es heute kennen. Es ist das, was wir als Grundlage unserer Vernunftfähigkeit, unserer Freiheit und unseres relativen Wohlstands erleben, auch weit über Europa hinaus. Ich zögere nicht, das eine Errungenschaft zu nennen. Dass da auch noch ein bisschen Gewalt im Spiel war, bei Lichte besehen sogar ziemlich viel – Militarismus, Rassismus, Kolonialismus, Egoismus, Ungerechtigkeit, Vergewaltigung, Raub und Mord – drücken wir gern weg: Vergangenheit halt, in dunkler Zeit ist immer viel passiert. Wir beschwören das Licht der Gegenwart, den kulturellen Fortschritt, angeblich eine Tatsache. Teilweise ist das wohl richtig.

Doch zur Gänze nicht. Mit Tatsachen ist es gar nicht so einfach, wie viele denken. Man muss sie respektieren, wenn es sie gibt, aber ob dies der Fall ist, kann oft zweifelhaft sein. Ich denke zum Beispiel, es ist keine Tatsache, dass das Wissen über den Glauben gesiegt habe. Beides hat sich verändert. Statt an Götter glauben wir jetzt an uns selbst und an unser Wissen. Das Resultat dieser Fehleinschätzung – das Anthropozän – ist nicht nur ein Erdzeitalter, wie sein Pate Crutzen gemeint hat, sondern es ist in erster Linie zur Homo-Deus-Ideologie geworden. Der Mensch berauscht sich in seinem Fortschrittsglauben jetzt an sich selbst. Auf Errungenschaften darf man gern stolz sein. Aber wir sollten diesen Stolz auch nicht übertreiben.

Gewiss ist dies auch ein Erdzeitalter, denn Böden, Gewässer und Luft, die wir atmen, sind schon heute um Abfall und Rückstände »bereichert« worden: Kunststoffe, Mikroplastik, Medikamentenreste, Flüssigkeiten und Gase als Laborflüchtlinge. Aber ich denke, die wahre Gefahr des Anthropozän zeigt sich nicht in diesem Wandel, sondern in etwas, das sich gerade nicht wandelt: der Beständigkeit vieler festgefahrener Überzeugungen, ihrer ideologischen Phantasielosigkeit. Diese Starre ist es, in deren Gefolge sich die heutige Gefährdung der Erde ereignet. Wenn wir nur so weitermachen wie bisher, um sie zu retten, schaffen wir es nicht, denn wir sind Gefangene des eigenen Wahns, mit dem wir an unsere Fortschrittsfähigkeit glauben. Sie ist an die Qualität unseres Wissens gebunden. Ich habe nichts gegen Wissen, nur glaube ich, dass die Wissenschaft es größer macht als es ist.

Wenn es um die Verteidigung der Wissenschaft geht, lasse ich mich ungern von jemandem übertreffen. Das Gleiche gilt aber auch für die seriöse Wissenschaftskritik, sie gehört dazu. Unseriöse Wissenschaftskritik – schlichte Ablehnung, pure Emotionen, religionsgetriebene Verachtung der Rationalität – gibt es zuhauf. Ernsthafte Wissenschaftskritik ist eine Seltenheit. Sie ist schwierig und unbeliebt. Die meisten begeben sich gar nicht erst auf dieses Glatteis. Ihre Bücher ecken zwar auch an, aber nur so weit, wie es sich für einen erfolgreichen Bestsellerton gehört.

Die Wissenschaft bleibt bei ihnen anscheinend immer etwas Gutes. Doch wie soll das gehen? Die Wissenschaft war und ist beteiligt, hat den Menschen ins Anthropozän geführt und hält ihn dort fest. Es hilft also nichts: Wenn man dem Anthropozän die Leviten lesen will – und das möchte ich – muss man stärker differenzieren. Auch das Gute lässt sich noch steigern.

Und das ist die Botschaft dieses Buches: *Es kritisiert die Wissenschaft, um sie zu retten, weil wir sie noch in jener Hauptrolle brauchen, die sie einmal spielte, aber inzwischen verloren hat: als Hoffnungsträgerin.* Denn heute ist daraus eine kleine Nebenrolle geworden für ein paar hilfreiche Disziplinen: die Ökologie, die aber angeblich nichts von Wirtschaft versteht, die kulturkritischen Reformkonzeptionen anderer Fächer, die ja zum Glück nicht die angeblich exakten Naturwissenschaften angreifen, und vielleicht auch die Wahrscheinlichkeitsrechnung, die uns diese Exaktheit möglicherweise relativieren könnte.

Doch diese bemühten Helfer gehen unter im Machtrausch ihrer stärker selbstsüchtigen oder desinteressierten Schwestern. Zu diesen gehören zwar auch solche, die führend dabei waren, als aus der Hoffnungsträgerin eine Angstmacherin wurde: die Chlorchemie, die Atomphysik, die Wachstumsökonomie, die Genbiologie (um nur vier besonders herausragende zu nennen). Doch nicht nur sie sind betroffen. Jener Rollenwandel ist im Zeitalter der Bequemlichkeit – als das ich das Anthropozän sehe – ebenso unübersehbar wie beängstigend. Digitale Nichtdifferenzierung ist leider heute angesagt: Stromfluss ein-aus, Logik ja-nein, Politik links-rechts, Ethik gut-böse, Macht Gewinner-Verlierer, Vernunft Rationalität-Irrationalität. Um wie viel wirklichkeitsnäher war doch die Differenziertheit des Analogzeitalters!

Dass die sogenannte Digitalisierung technologische Vorteile hat, kann niemand bestreiten. Aber wir übertreiben dies maßlos. Das ubiquitäre Fortschrittsgerede, das man fast allseits hört, ist ein einziger Irrtum. Er überhöht den rein technischen Fortschritt; ein moralischer Gewinn wäre wichtiger. Aber wir kleistern die Nachteile, die viel gravierender sind, abermals wie mit Pattex zu. Wir sind keine Wissensgesellschaft, wie uns eingeredet wird. Es gibt einige Wissensfortschritte, aber sie sind bescheiden. Irrtümer, Fehlurteile, Un- und Halbwissen zehren sie fast alle wieder auf. Der ganze Fortschrittswust ist kaum der Rede wert.

Die Entzauberung unserer Fortschrittsideologie ist freilich nicht populär. Sie ist nur nötig. Denn wir leben in einem Zeitalter, das unter massivem Wirklichkeitsverlust leidet. Ich muss hierbei immer an die schönen, verwirrenden Bilder des Zeichners Maurits Cornelis Escher denken. Unter ihnen gibt es eines, das einen auf einer Bank sitzenden Mann zeigt, der einen unmöglichen Gegenstand in der Hand hält und sich darüber offenbar wundert. Was er sieht – was wir sehen – ist so nicht möglich. Hier ist der durch zeichnerische Tricks sichtbar gemachte Wirklichkeitsverlust buchstäblich mit Händen zu greifen.

Das Bild zeigt die Ambivalenz der Wissenschaft im Anthropozän: Mittäterin und Analytikerin zugleich. Diese Realität ist unvernünftig. Sie verkleistert einen Widerspruch, mit dem man auf Dauer nicht leben kann. Gaia sieht das und wehrt es ab. Wichtig ist jetzt, dass auch die Menschen lernen, noch die nötigen Schritte auf dem Wege zu einer Neuen Aufklärung weiterzugehen und das stumme Staunen des Philosophen in Eschers Bild bewusst mit einem veränderten Handeln zu beenden. *Also tun wir beides: Loben wir die Wissenschaft, aber tadeln wir sie auch!*

Wirklichkeitsverlust, mit Händen zu greifen

(M. C. Escher's »Man with Cuboid«, © 2021, The M. C. Escher Company-The Netherlands. All rights reserved. www.mcescher.com)

Die ersten fünf Kapitel dieses Buches sind den Gründen gewidmet, warum das Anthropozän so ist wie es ist: europäisch geprägt und bequem. Der Blick richtet sich in die Vergangenheit und auf die Gegenwart der Wissenschaft. Verschiedene Entscheidungen, die in eine Zeit zurückreichen, als die Erde noch vergleichsweise menschenarm und fast unbekannt war, haben zu dem geführt, was wir heute so nennen. Aus meiner Sicht waren es Fehlentwicklungen, die das bekannte Einfache dem unbekannten Komplexen vorzogen: eine Grenze auf eine Linie zu reduzieren, Wissen vom Handeln abzutrennen und als bessere Alternative zum Glauben zu beschreiben. So kam es, dass man eine zweiwertige Logik und eine nutzenorientierte Ethik entwickelte, die bis heute den Alltag und die übliche Wissenskultur beherrschen. Das quantitative Denken wird seither dem qualitativen in Wissenschaft, Wirtschaft und Politik vorgezogen, weil es einfacher zu überprüfen ist. Und so kam es auch, dass die wirkliche Bedeutung von Ungewissheit, Zusammenhängen und Vielfalt nicht erkannt wurde und statt ihrer trügerische Gewissheit, grenzenlose Spezialisierung und kurzsichtige Nützlichkeit die Richtung bestimmen. In der Natur bezahlen unsere Mitorganismen dafür immer deutlicher erkennbar mit dem Leben, in der Kultur ist es vor allem die Sprachenvielfalt, die wir dem gleichen Schicksal ausliefern. Die heutige Wissenschaft ist das Beste, was wir haben, aber sie ist bisher nicht gut genug, um uns und den Mitbewohnern der Erde das Überleben zu sichern. Sie ist zukunftsunfähig, denn sie leidet unter Wirklichkeitsverlusten. Wir müssen Rationalität wohl noch einmal neu bestimmen und die Mühen einer neuen Aufklärung auf uns nehmen.

TEIL I

WEG VOM ANTHROPOZÄN

Über Vergangenheit und Gegenwart

1

Wirklichkeit sieht anders aus

Über Rationalität, Realität und Odile Beauchamps

Fakten und Mythen – wer ist stärker?

Manche Dinge sind wichtiger als andere. Wenn irgendwo ein Unfall passiert ist, ist es wichtiger, nicht zu stören als bloß zu glotzen oder zu fotografieren. Vielleicht könnte man sogar helfen. Solche Wichtigkeitsunterschiede gelten auch für die Wissenschaft.

Doch ausgerechnet die Wissenschaft leidet heute unter vielen Wirklichkeitsverlusten. Gerade sie befasst sich sehr viel mit Themen, die nur wenige Spezialisten interessieren, deren Erforschung aber viel Geld und Zeit kostet. Das Ärgerliche ist nur, dass dies bei den drängenden großen Fragen der Gegenwart kaum weiterhilft. Eine dieser großen Fragen ist, ob der Fortschritt, den alle wollen und überall sehen, immer das viele Geld wert ist, das er kostet. Der »österreichische Shakespeare« Johann Nestroy (1801–1862) hat einmal gesagt: »Überhaupt hat der Fortschritt das an sich, dass er viel größer ausschaut, als er wirklich ist.« Ich denke, für den Wissensfortschritt und viele der heute ökonomisch gemessenen Fortschritte gilt dies tatsächlich. Es wäre ein omnipräsenter, massiver Wirklichkeitsverlust.

Wir sind es gewohnt, uns an Tatsachen zu halten, weil wir inzwischen viele Methoden kennen, sie zu überprüfen. In grauer Vorzeit gab es die noch nicht. Die frühen Menschen lebten in einer Welt, die sich zusammensetzte aus Fakten und Mythen. Sie staunten über das, was sie sahen und glaubten an das, was ihre

Vorfahren ihnen überlieferten. Ihr Wissen ging darin auf. Doch diese Melange änderte sich in dem Maße, in dem ihr Wirklichkeitssinn wuchs und nicht mehr jede Überlieferung geglaubt wurde. Noch Aristoteles glaubte an vieles davon, zum Beispiel daran, dass die Schwalben, die im Herbst verschwunden waren, tief in Teichen und Seen überwinterten. Denn er sah sie dort gelegentlich im Fluge trinken und baden. Doch sein Respekt vor den unübersehbaren Fakten wuchs und ließ ihn zum europäischen Wissenschaftsbegründer werden.

Aber die Mythen verschwanden nicht, sie wandelten sich nur. Der Glaube an unsichtbare Herrscher hinter den Wolken hält sich freilich zäh. Ihre sichtbaren »Stellvertreter« profitierten davon. Im Mittelalter hatte die christliche Kirche eine solche Macht gewonnen, dass sie darüber entschied, was als Tatsache galt. Noch Galilei konnte ein Lied davon singen. Ich hätte nie geglaubt, dass auch ich mal unter dem Druck einer geschätzten Institution, der mich hatte krank werden lassen, einknicke und eine Schuld bekennen würde, die ich nicht auf mich geladen hatte. Doch meine eigene Universität verlangte dies von mir, um ein ungerechtfertigtes Disziplinarverfahren gegen mich einzustellen. Und ich tat es, um wieder gesund zu werden.

Nur: Die Skepsis der Menschen blieb und die ungerechte Verteilung der Macht ärgerte sie. Einzelne meist adeliger Herkunft, Begüterte, hatten schon früh die Erzieher und die Freiheit, sich teilweise aus dem gewohnten geistigen Korsett zu lösen, der weitaus größte Teil der Menschheit hatte dies nicht. Er blieb den Mythen ausgeliefert, sein Glauben war sein Wissen. Ich denke, hieran hat sich im Prinzip bis heute nichts verändert, nur dass die Glaubensmythen gewechselt haben. Umso mehr fielen immer Einzelne auf, die es schafften, gegen die Gewohnheiten ihrer Mitmenschen einen eigenen Kopf zu entwickeln und so zu denken und zu reden, wie sie es für richtig hielten. Auch wenn es zunächst nur als Eigenbrötlertum auffiel, weil es sich so sehr von dem unterschied, was weithin üblich war.

Odile Beauchamps

Ich stelle in jedem der zehn Kapitel dieses Buches Begegnungen mit einer Person vor – Frau, Mann, jung, alt, bekannt, unbekannt, Amateur, Profi –, die schon während des Anthropozän wie im Gaiazän gehandelt hat. Ich beginne mit einer Erinnerung, die ich nicht vergessen kann: Die in Belgien geborene und mit ihren Eltern nach Kanada ausgewanderte Odile Beauchamps habe ich zufällig im Sommer 1990 in der ungarischen Puszta Hortobagyi westlich von Debrecen kennengelernt, als ich an der dortigen Universität am Ende des letzten Jahrhunderts mehrfach als Gastprofessor tätig war. Der Linguist und Wissenschaftstheoretiker András Kertész hatte mich dorthin eingeladen, weil ihm meine Arbeiten über Theoriebildung und Sprache gefielen. Da mich auch die Nähe der ausgedehnten Puszta reizte, nahm ich seine Einladung gern an; sie war nicht die erste und blieb nicht die letzte. Die Universität für den Geist und die Rationalität, die Puszta für die Natur und die Realität: Das war damals eine gute Arbeitsteilung für mich.

Ich nutzte freie Tage gern, um mich zu erholen und die Bartmeisen, Halsbandschnäpper, Blauracken und Rotfussfalken zu beobachten, die dort an ihnen zusagenden Stellen der großen Grassteppe mit Fischteichen und Wäldchen vorkamen. Als ich dort Odile Beauchamps traf, erzählte sie mir, dass sie an der französischsprachigen Universität von Québec in Montréal (UQAM) studierte, Biologielehrerin werden wollte und mit einem Europastipendium für ein paar Monate hier war. Sie war damals noch Studentin kurz vor dem Examen und beeindruckte mich mit der

Sicherheit, mit der sie Insekten bestimmte, die in der Puszta lebten – Material für ihre Abschlussarbeit. Doch noch etwas anderes beeindruckte mich: die Souveränität, mit der sie schon damals – ohne diese Begriffe zur Verfügung zu haben, auch mir fehlten sie noch – die Ambivalenz der Jetztzeit, des Anthropozän erkannt hatte und das Gaiazän einforderte, noch bevor die Gaia-Theorie ihr bekannt geworden war. Ich dachte damals noch brav entlang der methodischen Leitplanken der herrschenden Wissenschaft und folglich kam mir diese Hypothese, von der ich gehört hatte, wie die esoterische Spinnerei vor, als die sie noch heute oft verlacht wird. Ganz anders Odiles Worte.

Als ich sie in der Puszta traf, schien es mir jedenfalls, als ob sie deren wahre Autorin wäre; so klar hat sie sie vertreten. Einmal sagte sie sinngemäß: »*Die Erde ist nicht nur unsere Heimat, sondern auch die jener Rose dort, der Rosenkäfer und des Schwarzstirnwürgers, die auf ihr sitzen. Wir benehmen uns wie Idioten, wie Elefanten im Porzellanladen.*« Die damalige Situation, in der Nähe der berühmten Hortobagyi-Brücke, steht mir jetzt wieder vor Augen. Damals war ich noch kein Anthropozänkritiker, sondern allenfalls einer, dessen Zweifel an der Jetztzeit sich im Untergrund des Bewusstseins unmerklich verstärkten. Noch vertrat ich die Wissenschaftskultur der Gegenwart mit Überzeugung. Das verband mich mit András, der die modelltheoretisch-konstruktivistischen Ideen meiner gerade erschienenen Habilitationsschrift aufgriff, um sie weiterzuführen. Ich bin ihm noch heute dankbar dafür, dass er mich auch später nicht fallen ließ, als ich längst anderen Sinnes geworden war.

Leute wie Odile Beauchamps machen das Ziel lebendig, um das es jetzt geht, denn sie lebten bereits gestern in den Werten einer künftigen Ära. Ich habe mit ihr später noch Briefe ausgetauscht, wiedergesehen habe ich sie nicht. Doch als ich sie damals in Ungarn traf, hatte sie schon all das, was eine perfekte, zukunftszugewandte Wissenschaftlerin ausmacht: Vernunftliebe und Lernbereitschaft, Wirklichkeitssinn und Entdeckerlust, Unabhängigkeit und Verantwortungsbewusstsein. Noch nicht hatte sie ein Examen und erst recht keine Position als Lehrkraft oder Forscherin. So etwas ist eigentlich unwichtig, verglichen mit jenen genannten Eigenschaften. Doch anders im Anthropozän. Dort ist die Wissenschaft machtgeprägt. Eine kleine Studentin, die noch lernt, keine Stelle an einer wissenschaftlichen Institution hat, zählt noch nicht als Wissenschaftlerin. Irgendwann wurde mir klar, wie dumm es ist, sich an solchen Äußerlichkeiten zu orientieren.

Wie stehen wir zur Macht und ihren Hierarchien?

Die europäische Aufklärung war aus heutiger Sicht sehr naiv. Sie hat die Realität der Machtdimension in der Wissenschaft zu ignorieren versucht. So etwas funktioniert nie. Ihr Horizont war auf eine vergleichsweise kleine, einfache Welt begrenzt: Europa, nicht einmal das ganze. Kant zum Beispiel hielt unter anderem Vorlesungen über ferne Länder und Völker; er las viel und machte sich seine Gedanken, aber sonst nur Spaziergänge in und um Königsberg. Reisen in ferne Länder machte er nicht. Die in England, Frankreich und Deutschland geborene Aufklärung hatte große Ziele, aber ebenfalls nur sehr begrenzte Erfahrungen. Sie wusste fast nichts von den unbekannten Menschen außerhalb Europas, pflegte über sie aber viele herabsetzende Vorurteile; auch Kant. Außerdem gab es den englischen Hang zum Empirismus, den französischen zum Rationalismus und den deutschen zum metaphysischen Tiefgang. Diese Aufklärung wollte den Menschen zur Vernunft führen, uns die Reste der – nochmal mit Kant zu sprechen – »selbstverschuldeten Unmündigkeit« austreiben. Gute Ziele! In der Politik, in der Wissenschaft, im Alltag hat sie Großes erreicht. Und doch war ihr Vernunfthorizont zu eng, denn heute stehen wir vor den Trümmern ihrer Wirklichkeitsverluste.

Zu diesen gehört der Irrtum, dass wir die Zeit der Mythen hinter uns gelassen hätten. Dabei haben sie sich nur gewandelt: Statt an Götter glauben wir jetzt an uns selbst und unsere immer noch wenig verstandene Vernunft. Die heute tonangebenden Mythen sind nicht mehr die amourösen Erlebnisse des Göttervaters Zeus oder der Gaia, ernsthaft auch nicht mehr die angebliche Unfehlbarkeit des Papstes, sondern sie heißen beispielsweise »Fortschritt«, »Wachstum«, »Geld«, »Sex« oder »Unterhaltung«. Sie sind nicht weniger wirksam als die alten, denn sie haben sich mit der Wissenschaft verbündet, dem, was heute unter diesem Namen aus ihr geworden ist. Sie hat gern die zugleich beruhigende und fordernde Rolle der Religion übernommen, die früher ein wichtiger Teil der Rationalität war, bevor sie ihre Phantasie in Institutionen verlor. Heute ist es die Wissenschaft des Anthropozän, die mit Fakten wirbt, aber vermischt mit alten und neuen Mythen anbietet. Der Evolutionsbiologe und Religionshasser Richard Dawkins bestätigt dies mit der unerschütterlichen Hingabe, mit der er an sie glaubt.

Vieles finden wir nach wie vor, was wir von früher kennen, zum Beispiel das Denken in den Hierarchien der Macht. Statt der Götter und Untergötter oder ihren sichtbaren Pendants in Form von Königen oder Provinzfürsten gibt es heute CEOs, Präsidenten und andere Führungskräfte, und die ganze Stufenleiter von kleineren Chefs und deren nachgeordneten Untergebenen. Doch das Erstaunlichste ist: Das alles gibt es auch in der Wissenschaft! Wo angeblich nur das Argument zählt und die Suche nach der Wahrheit ausschlaggebend sein soll, gibt es jede Menge Vorgesetzte, Abteilungsleiter, Dekane und Rektoren. Entsprechend den ganzen dazugehörigen Mittel- und Unterbau. Macht oder Nichtmacht sind dort alltägliche Realität. Oberster Chef ist dort ein Minister, also ein Politiker, meist ein Parteipolitiker. Jeder Wissenschaftsminister spricht übrigens gern über die Freiheit der Wissenschaft. Wer sollte es auch sonst tun?!

Odile Beauchamps sagte etwas viel Vernünftigeres: *Wir benehmen uns wie Elefanten im Porzellanladen.* Die meisten Menschen scheint das nicht zu stören. Irgendwann ist es mir aufgefallen, dass wir durchaus einen Wirklichkeitssinn besitzen. Es geschah, als ich merkte, dass mich Vogelbeobachtung manchmal mehr interessierte als das Nachdenken über Sprache und Theorien; dem Romanautor Jonathan Franzen scheint es ähnlich zu gehen. Beim Beobachten macht es einen klaren Unterschied, welche Art man vor sich hat. Hier kann man Erfolg sehen; wenn man nichts sieht oder sich in der Bestimmung irrt, ist das ein Misserfolg. Es war das, was mich damals hinaustrieb in die Puszta, um mich von den Abstraktionen der Universität zu erholen. Dort sah man grundsätzlich nichts. Die Begegnung mit Odile bescherte mir eine klare Einsicht. Sie hat etwas gesagt, was meinen damals in der Universität etwas beschädigten Wirklichkeitssinn wiederbelebt hat; nicht genug, um mich gleich zur Vernunft zu bringen, aber doch so weit, dass sie mich verunsicherte in meiner gewohnten Weltsicht. Es brauchte freilich noch Jahre, dies zu Ende zu denken.

Wer ist jetzt »dran«?

Erst heute hat es Konsequenzen. Ich bin zum Beispiel Mitglied eines Gesprächskreises von Vertretern verschiedener Fächer. Man trifft sich jedes zweite Jahr im Kloster Benediktbeuern, um miteinander über Nachhaltigkeit zu diskutieren. Bisher waren zum Beispiel schon Resilienz, Scheitern oder Maschinen unsere Themen, die zu vielbeachteten Büchern geführt haben. Für dieses Jahr (2021) wurde das Thema »Wirklichkeitskonstruktionen« ausgewählt. Hätte man mich gefragt, hätte ich davon abgeraten. Warum? Weil das ein typischer Zeitvertreib für Leute ist, die sich gern mit schwierigen, aber unwichtigen Dingen beschäftigen. Doch die zahlreich und groß gewordenen Institutionen, an denen wir angestellt sind, erwarten genau dies von uns. Nur für Schwieriges gibt es Geld, die Unterscheidung von wirklich und nicht wirklich ist angeblich viel zu banal. Dabei gäbe es für solche Gespräche viel wichtigere, aktuellere Themen. Zum Beispiel all das aufzuzählen, was wir falsch machen und zu fragen, warum. Unsere Sprechweisen haben viel damit zu tun.

Wir reden zum Beispiel großmäulig von »Welt«, über Weltliteratur, Weltpolitik oder Weltraumfahrt, wenn wir nur die Literatur anderer Länder, Außenpolitik oder das knappe Verlassen der Atmosphäre mit einer Rakete meinen. Die Erde würde reichen. Wir nennen viele Länder »Schwellen-« oder »Entwicklungsländer«, weil sie noch nicht so sind wie wir, die wir uns »entwickelt« und »hochstehend« vorkommen. Wir sind auf ihre Bodenschätze und andere Ressourcen angewiesen und nennen unser diesbezügliches Treiben den »freien Welthandel«. Wir geben ihnen großzügig »Entwicklungshilfe«, nachdem wir viele von ihnen zuvor kolonialistisch und rassistisch gedemütigt und ihnen unsere Wertvorstellungen mit Gewalt aufgenötigt haben. Wir tun es noch immer, nur jetzt geschönter, eleganter.

Man könnte das lange fortsetzen: Wir halten uns für »Wissensgesellschaften«, sind dies aber vor allem im Vergleich zum Mittelalter, als noch die Religion das Sagen hatte. Wir reden zunehmend nur noch Englisch und bezeichnen das als »Internationalität«. Wir streben nach Macht und beschönigen dies mit Worten wie »Partizipation« und »Mitbestimmung«. Wir lassen alle paar Jahre Parteien wählen und nennen es »Demokratie«. Wir sind gegen die Mythen der Vergangenheit, aber nicht gegen »Geld«, »Wohlstand«, »Markt« oder auch »Elite«. Wir meinen, dass wir Vermittler brauchen und erhalten »Medien«. Wir glauben nicht mehr an die alten Götter, sondern an neue: den »Fortschritt«, die »Leistungsträger«, das »Internet«, kurz: an uns selbst und unsere Großartigkeit. Und so weiter.

Auch unser Sprachgebrauch passt zu den Elefanten im Porzellanladen. Differenzierende Rationalität wäre zwar möglich, aber sie ist uns meistens zu mühsam. »Die Vögel waren heute morgen vielleicht wieder laut!« sagen viele und meinen, der so gefürchtete »Stumme Frühling« sei widerlegt. Dass alle Sänger fast nur noch Amseln und einige andere Ubiquisten sind, merken sie gar nicht, die verlorenen Sänger hören sie sowieso nicht. Das bequeme Einfachurteil reicht. So ist das Anthropozän, längst mehr Ideologie als Erdzeitalter, scheinbar menschenfreundlich, tatsächlich lebensbedrohend – ein einziger Irrtum. Odile Beauchamps hat damals etwas in mir aufgeweckt, den Klebstoff gelöst, der mich in einem Traum festhielt: verstanden zu haben, was Rationalität und Realität bedeutet.

Ich hielt die Wissenschaft, die mich umgab, an die ich glaubte, für das Beste, was erreichbar wäre. Das war es nicht. Es war das Beste, was wir bisher erreicht haben, ein Unterschied. Vor eine Ja-nein-Alternative gestellt, würde ich mich immer für sie entscheiden. Auch im Anthropozän ist sie sicher nicht komplett schlecht, weder gänzlich irrational noch gänzlich irreal. Doch sie war – und ist – noch immer verbesserungsfähig und verbesserungsbedürftig. Der menschengemachte Klimawandel, den sie konstatiert, ist wahrscheinlich gegeben; unsere Wissenschaft ist durchaus leistungsfähig. Es ist gut, sich an ihre Rationalität zu halten, aber die ganze Realität beschreibt sie dennoch nicht. Der Traum ist zum Alptraum geworden. Also wachen wir auf! *W i r sind dran!*

Als das Club-of-Rome-Buch dieses Titels erschien, war ich längst aufgewacht. Ich hatte bereits Vorträge über den nötigen Wandel gehalten und einige Aufsätze darüber geschrieben. Im Computer stapelten sich mögliche Buchentwürfe und -gliederungen. Aber »Wir sind dran« gab dann den Ausschlag: an der Neuen Aufklärung mitzuarbeiten, weil es nicht ausreicht, wenn man die immer noch wenigen kritischen Natur- und Wirtschaftswissenschaftler mit den Problemen allein lässt. Sie bemühen sich nach Kräften, aber es hapert fast überall. Es fehlt zum Beispiel – auch in jenem Buch – der entschiedene Blick auf Sprachen und Kulturen, die der Völker, aber auch die des Wissens und unserer Wertvorstellungen, die das Anthropozän mitgeformt haben und heute weiter stabilisieren. Es geht nicht nur um den menschengemachten Klimawandel, der jetzt zu Recht viele aufregt und für sie zum Synonym für die Gegenwartskrise wird. Vielfaltsverlust ist nicht nur ein Problem der Biodiversität. Die ganze kulturelle Ebene kommt zu kurz. Auch die Rede von einer »Aufklärung 2.0« in jenem Buch gefällt mir nicht. Das ist Computersprech, etwas, das uns am Anthropozän festschweißt wie mit Pattex, dem Klebstoff aus der Tube. Und doch war es für mich dieses Buch, was ihn ganz löste.

Wir verbrauchen davon zuviel. Es dämmert langsam die Befürchtung, dass ein zusammengehöriges Ganzes verloren gegangen ist, das wir in sehr viele kleine Teile zerlegt haben, aber nun notdürftig wieder zusammenkleben. Lange haben wir das nicht als Verlust empfunden; »Analyse« war ein Begriff, der zunächst nur einen guten Klang hatte. Doch diese Zeit scheint zu Ende zu gehen, der Klebstoff geht zur Neige, wir verlieren die Ganzheiten: Das »Wetter« ist eine davon; meist geht uns nur um Sonne, Regen und Wind. Das »Klima« wäre eine neue, aber sie überfordert uns, wir reduzieren sie auf Unwetter, Starkregen oder Stürme. Die »Innenstadt«, die »City«, ist eine solche Ganzheit; doch der Verbund ihrer bisherigen Kohäsionskräfte (Einkaufen-Verkehr-Wohnen) löst sich dort auf. Fast überall ist jetzt die Rede von »Systemen«, weil wir zuvor das Zerlegen in Teile bis zum (Z)Erbrechen übertrieben haben. Die Pattexmentalität ist zum Bestandteil der Ideologie des Anthropozän geworden, wir sehnen uns nach

Heilung der Wirklichkeitsverluste, die wir lange verdrängt haben. Ahnungen wachsen: Unsere Vorfahren haben offenbar viel falsch gemacht, aber noch machen wir es nicht entscheidend besser. Doch jetzt sind *w i r* dran etwas zu ändern, damit wir hierbleiben können: auf der Erde. Wir müssen einen neuen Anlauf zur Aufklärung nehmen, einer Aufklärung, die diesmal die Wirklichkeitsverluste der Alten zu reparieren versucht, indem sie noch einmal bei grundsätzlichen Dingen ansetzt. Auch die Wissenschaft gehört dazu.

Können wir tatsächlich etwas von den Fröschen lernen?

Einer dieser Wirklichkeitsverluste, bei dem die ambivalente Rolle der uns umgebenden Wissenskultur besonders deutlich wird, betrifft unser Grenzdenken.

Grenzen sind für die meisten von uns Linien, die markieren, wo etwas zu Ende ist und etwas anderes beginnt. Die alten Zollschranken waren perfekte, wenigstens punktuell sichtbar gemachte Staatsgrenzen. Das »Bürgerliche Gesetzbuch« ist in Deutschland eine einzigartige Sammlung juristischer Zollschranken für das innerstaatliche Zusammenleben bis hin zum Gartenzaun. »Bis hierhin und nicht weiter« ist der Sinn solcher Grenzziehungen. Hier werden Linien im kulturellen Raum gezogen. Es sollte uns zu denken geben, dass es im natürlichen Raum solche Linien nicht gibt. Die Grenze eines echten Waldes – nicht eines Forstes – ist flächig: Säume aus niedrigeren Gehölzen, die in noch niedrigere Krautsäume übergehen, bis das offene Land erreicht ist. Wenn wir irgendwo durch den Wald eine Straße schlagen, stehen plötzlich unmittelbar neben ihr die hohen Bäume, die ins

Waldinnere gehören. Für einen ordentlichen neuen Waldmantel gibt es meist kein Geld.

Die Ufer eines unverbauten Gewässers sind auch keine Linien. Auch sie sind Säume, die in Länge *und* Breite Platz brauchen; bei stehenden Gewässern genauso wie bei fließenden. Im Biologiebuch wird dies an einer Abfolge von Pflanzengruppen erläutert. Neben den Vögeln sind mir seit Kindertagen die Amphibien am nächsten, Frösche, Kröten und Molche. Sie sind Experten für die Grenzregionen zwischen dem Trockenen und dem Nassen: Bewohner des feuchten *Raums* dazwischen. Schon oft habe ich Vorträge gehalten mit einem Spielzeugfrosch neben mir auf dem Rednerpult. Auch die Linie, die den Berg vom Tal trennt, gibt es nicht. Der Berg beginnt ganz unten im Tal und dieses endet ganz oben auf dem Berg.

In der Kultur könnte manches besser gehen, wenn wir auch dort das linienhafte Grenzdenken zugunsten des Denkens in Übergangsräumen abschaffen würden. Doch im Zeitalter, das Digitalisierung für besonders modern hält, ist das natürlich schwierig. Wenige Grenzübergänge stellen wir wie Tore, die man öffnen und schließen kann, an Straßen bereit; den Rest nennen wir die »grüne Grenze«, eine nur gedachte, aber geltende juristische Linie. Der rechte politische Populismus erwartet selbst innerhalb der eigenen Kultur nur Homogenität; alles »Fremde« wird bekämpft. Das ist wirklichkeitsfremd, der Tod jeder Kreativität, aller Lernanreize zum Lebendigerhalten des kulturellen Lebens.

Die Wissenskultur des Anthropozän hat sich für das populäre Vereinfachen entschieden, die Abschaffung des Analogen, die Einführung des Digitalen, der Grenze als Linie, die Neigung zum Populismus. Sie setzt auf technologische Lösungen für möglichst alle Probleme. Dort, wo es sie noch nicht gibt, setzt sie auf den Optimismus, dass wir sie wohl noch finden werden. Doch sie errichtet Barrieren für echte Kreativität. Ihr Wirklichkeitsverlust ist mit Händen zu greifen. Eschers Philosoph staunt und staunt. Vor lauter Staunen vergisst er das Nachdenken, wenn es schon fürs Vorausdenken nicht gereicht hat. Er zieht keine Schlüsse, vergisst das Lernen und unterlässt das Handeln. Er klebt auf seiner Bank am Nichtbewährten fest und findet sich in all seiner Dummheit großartig.

Wir könnten es besser machen und tatsächlich unter anderem auch etwas von den Experten für Grenzen lernen, den Fröschen. Ob wir das freilich wollen, weiß ich nicht. Es erscheint uns noch sehr absurd. Dies gilt es zu ändern, wenn wir wirklich zukunftsfähig werden wollen. Dazu müssen wir wohl oder übel in die Tiefe unserer Wissensgewohnheiten gehen. Wir müssen das Fass zumindest teilweise nochmals öffnen, was unsere eigene Aufklärung nur vorübergehend geschlossen hat. Und uns diesmal auf der ganzen Erde neu orientieren.

2

Wir machen es uns zu bequem

Über Sprache, Logik, Ethik und Carl-Friedrich von Weizsäcker

Bedeutet »Wissen« zu allen Zeiten das Gleiche?

Der Wandel begleitet uns überall und stets. Das ist gut so, denn es sorgt vor: Es verhindert, dass wir an Überalterung vorzeitig zugrunde gehen. Wir wandeln uns einfach mit. Wenn sich alles verändert, kann nichts als starr zurückbleiben und dem allgemeinen Wandel nicht mehr gewachsen sein. Sollte man meinen.

Auch die Wissenschaft hat sich oft gewandelt. Das fällt uns freilich nicht so auf wie anderes, das sich augenfälliger verändert, die Mode zum Beispiel. Wir sprechen durchweg von »der Wissenschaft«, als ob wir immer das Gleiche damit meinten. Das kann manchmal der Fall sein, aber es verdeckt doch vieles, was sich wirklich verändert. Auch die Wissenschaft kennt Moden, vorübergehende Anpassungen an die sie jeweils umgebende kulturelle Wirklichkeit. Deshalb führe ich hier eine sprachliche Unterscheidung ein, die das zum Ausdruck zu bringen erlaubt: Ich spreche vom Wandel der Wissenskultur, wenn ich diese Veränderungen und ihre zeitweiligen Besonderheiten betonen und sagen möchte, dass sich die Wissenschaft dem nicht völlig entziehen kann. Denn es gibt schon eine Tendenz, dies zu tun.

So gibt es eine typische Wissenskultur des Anthropozän, eine Mode, auch wenn sie im Laufe der Zeit schon selbst verschiedene Gesichter hatte. Für sie ist Wissen eine ziemlich feste Größe. Ich berichte von meinen eigenen Erfahrungen als Philosophiestudent. In den drei Orten meines Studiums – in meiner Heimatstadt Göttingen, in Heidelberg und in Oxford – konnte man sich schon als Student den Unterschieden nicht entziehen. In Heidelberg herrschte mit Leuten wie Hans-Georg Gadamer oder Karl Löwith damals noch viel von der traditionellen Stimmung der alten deutschen Universitätsgeschichte. Göttingen hingegen war stolz darauf, eine Gründung der Aufklärung zu sein. Als ich mit dem Studium anfing, zog gerade mit Günther Patzig und Erhard Scheibe nochmal ein neuer, stärker angelsächsisch geprägter Geist in die Philosophie dort ein; sie kamen von Weizsäcker in Hamburg. Und das besonders alte Oxford war damals einfach das Mekka der Philosophie in Europa überhaupt. Es zog Leute von überall her an. Ich erwähne dies deshalb ausführlich, weil der Philosophie sowohl beim Zustandekommen wie bei der Überwindung des Anthropozän eine besondere Rolle zukommt.

Carl-Friedrich von Weizsäcker

So hielt dort im Jahre 1967 während meines Oxfordjahres auch einmal Carl-Friedrich von Weizsäcker, der zum Philosophen gewordene Ausnahmephysiker, als Gast einen öffentlichen Vortrag über seine Erfahrungen in Indien. Was er dort sagte, war so neu, dass viele seiner Zuhörer, auch ich, kaum etwas begriffen. Das erwartete man bei dem Namen des Redners nicht. Aber so etwas passierte im damaligen Oxford öfter, denn in den 1960er- und 1970er-Jahren trafen sich wohl nirgends auf der Erde mehr Philosophen als hier.

Der Ort war eine Art Philosophenhimmel auf Erden: Neben den drei oder vier traditionellen Oxforder Lehrstühlen für Philosophie, allen voran dem Waynflete Professor of Metaphysical Philosophy am Magdalen College (damals Gilbert Ryle, dessen Vorlesungen mir die liebsten waren, die ich jemals besucht habe), dem Wykeham Professor of Logic am New College (Alfred J. Ayer), dem White's Professor of Moral Philosophy am Corpus Christi College (Richard M. Hare) und dem erst 1966 hinzu geschaffenen Lehrstuhl eines Professors für Geschichte der Philosophie (John Ackrill, Brasenose College), lehrten noch viele weitere angesehene Personen dort Philosophie. Unter ihnen gab es über 40 Nachwuchsleute, deren Zeit erst kommen sollte: wie den Kenner der antiken Logik, Jonathan Barnes (Brasenose), die Tugendethikerin Philippa Foot (Somerville) oder den Wittgensteinspezialisten Brian McGuinness (University). Auch längst erdweit renommierte Fachleute wie der vor den Nazis geflohene Spezialist für griechische und arabische Philosophie Richard Walzer, dem ich meine Oxforder Chance verdankte, der neuseeländische Modallogiker Arthur Prior oder der international hoch angesagte Kommunikationstheoretiker Herbert P. Grice hielten damals hier ihre Vorlesungen und Seminare. Die Welt der Philosophie, die sich nicht abkapselte wie die alte deutsche und – aus anderen Gründen – die französische, traf sich dort.

Hinzu kamen ständig kurzzeitig weitere Gastdozenten von überall her, wie etwa Julius Moravcsik aus Stanford oder gelegentlich zu Vorträgen oder Diskussionen Sir Karl Popper aus London. Die Einrichtung des John-Locke-Lecturers, die später auch Noam Chomsky vom M. I. T. für ein paar Wochen an die Oxforder Themse führte (zu dessen alle historischen Räume sprengenden Vorlesungen über »Language and Politics« ich 1969 eigens noch einmal hinfuhr), sorgte zusätzlich dafür, dass die Angebotsvielfalt weit über dem tatsächlichen Lehrbedarf lag. Dass dies auch viele interessante Mithörer und -studierende zur Folge hatte, war kein Wunder. Selbst Heidelberger Gadamerschüler waren auf einmal da. Und so tauchte dann auch Weizsäcker dort sicher nicht das erste Mal auf.

Ich durfte ihn und seine Frau nach seinem Vortrag durch den abendlich dunklen University Park nach Hause begleiten, denn sie wohnten als Gäste in meinem College, St. Catherine's (»Katz«), das am Ende des Parks liegt. Er fragte mich im Gehen: »Was machen Sie denn so?« und ich antwortete: »Ich studiere mit dem Schwerpunkt Wissenschaftstheorie bei Günther Patzig in Göttingen. Er hat mich für ein Jahr nach Oxford geschickt. Und ich schreibe an einer Doktorarbeit über Sprache und die neue Linguistik.« Da lachte er zur Antwort kurz auf und sagte: »Als ich noch als Physiker arbeitete, habe ich immer Goethe zitiert: *Mein Freund, ich habe es gut gemacht: Ich habe nie über das Denken gedacht.* Aber jetzt als Philosoph denke ich natürlich doch über das Denken nach. Und da reicht mir die ganze Physik, die ich einheitlich verstehen und beschreiben möchte. Sprachwissenschaft auch noch, das würde mir zu viel. Deshalb sage ich jetzt: *Mein Freund, ich habe den Braten gerochen: Ich habe nie über die Sprache gesprochen.*« Und er hatte sichtlich Vergnügen an diesen Reimen. Seine Frau Gundalena, die neben ihm ging und diese Worte offenbar kannte, auch. Er hatte beides zum Beispiel schon 1959 in einem Vortrag über Sprache als Information in München gesagt und dort selbst so kommentiert: *Dieses Privileg verscherze ich mit dem heutigen Abend.*

Als ich später, wieder zuhause in Göttingen, Patzig von dieser Begegnung erzählte, kannte er die Pointe ebenfalls, denn er war zuvor in Hamburg als junger Philosophiekollege gelegentlich bei den Weizsäckers zu Gast gewesen. Aber verstanden, was ich an jenem Abend zuvor gehört hatte, habe ich – annähernd – erst sehr viel später. Weizsäcker hatte in dem vorausgegangenen Vortrag den Mut gehabt, in der Höhle der Logiklöwen über Dinge zu sprechen, die ihn beunruhigten (Telepathie und Präkognition), die er aber selbst noch nicht wirklich verstand; wohl eine Reminiszenz an seine epochemachenden Gespräche mit Leuten wie Heisenberg, Pauli oder Bohr. In jenem Kreis ähnlich Gesinnter war man es gewohnt, dass alle offen insbesondere über Dinge sprachen, die niemand von ihnen bisher verstand, denn daraus entwickelten sich dann tatsächlich die Umrisse einer neuen Physik. Doch meistens sind Wissenschaftlergruppen oder gar Zuhörerkreise nicht so homogen und klug, sondern aus Leuten gemischt, von denen viele nur über das etwas hören oder sprechen wollen, was sie ohnehin schon kennen. So auch hier. Von einem zum Philosophen gewordenen Physiker erwartete man Wissen, nicht Ratlosigkeit.

Doch diesmal ging es Weizsäcker um seine Erfahrungen in Indien. Er wollte uns wahrscheinlich sagen: Es kann sein, dass wir den Begriff von Rationalität noch einmal neu definieren müssen, weil unser in Europa geborenes Wissen womöglich doch noch nicht so ausreichend und verlässlich ist wie auch ich lange gedacht habe. Der Moderator des Abends, der lupenreine Neopositivist Alfred Jules Ayer, überlebende Ikone einer schon damals vergangenen Philosophieepoche, verstärkte durch seine Kommentare das Nichtverstehen, das sich im Publikum allgemein ausbreitete. Auch ich war nicht auf das vorbereitet, was ich zu hören bekam, aber ich bin im Nachhinein ziemlich sicher, dass die Verstehenshindernisse in der Offenheit begründet waren, mit der der Redner gesprochen hatte. Auf unserem abendlichen Nachhauseweg gab er sogar zu, wie wenig er selbst von Sprache verstand.

Erst viele Jahre später ist mir klargeworden, dass er in seinem Vortrag, in dem es nur oberflächlich um jene Dinge, tatsächlich aber um Logik, Wissen und Handeln ging, hauptsächlich über die Unzulänglichkeiten unseres westlichen Rationalitätsverständnisses gesprochen haben muss. Allerdings in einer für uns unvorbereitete Hörer zutiefst verstörenden Weise: offen, direkt, unkaschiert, fragenstellend, ohne Selbstschutz durch vorgespielte Selbstsicherheit. Im Umfeld des Logikprofessors Alfred J. Ayer waren unbeantwortete Fragen und ernstgemeinte Erfahrungen aus Indien vollkommen ungewohnt und von einem der führenden Denker der modernen Physik erwartete man das erst recht nicht. Ihm gestand man zwar zu, bei der Grundlegung der neuen Physik früher selbst Nichtwissenserfahrungen gemacht zu haben, aber das war für eine logikorientierte Philosophie und ihre Rationalitätsvorstellung jetzt vorbei und abgeschlossen.

Für Weizsäcker bedeutete alles freilich noch viel mehr: nämlich das nahende Ende seiner Zeit auf dem Hamburger Philosophielehrstuhl und den ab 1970 bevorstehenden Beginn der letzten Starnberger Jahre am Max-Planck-Institut zur Erforschung der Lebensbedingungen der wissenschaftlich-technischen Welt. Sein Sohn Ernst Ulrich hat dies später für mich so kommentiert: Der Vater habe zwar auch mal einen schlechten Tag gehabt, aber selten. Vor allem sei er klar, offen, mutig und ethisch entschieden gewesen. Seine nie beantwortete Frage nach den »Uren«, den letzten Teilen von allem, zeige beides: den starken Sog der Teilchensuche, aber auch die Kraft, es sein zu lassen, wenn man nichts findet. Rationalität war für ihn mehr als ein logisches Problem. Es war und ist auch ein ethisches.

Gibt es *die* Logik?

Seit alters ist die Logik das wichtigste Haltegerüst der Philosophen und der Wissenschaft. In der Sache gilt dies auch für unseren Wirklichkeitssinn im Leben. Dass ein Satz, der nicht wahr ist, falsch sein muss und umgekehrt einer, der nicht falsch ist, wahr, war schon bei den Vorsokratikern eine Standardweisheit und ist bis heute die Alltagsüberzeugung der meisten Menschen, nicht nur der Wissenschaftler. Auch Aristoteles, mit der Syllogistik Begründer der ersten Theorie der Logik, ging davon aus, dass

Wahrheit und Falschheit die beiden Grundwerte unseres Wissens seien und etwas Drittes ausgeschlossen ist. Was wir heute »Digitalisierung« nennen, unser ganzes Computerzeitalter, beruht völlig auf dieser binären Wahr-falsch-Beziehung.

Manchen Logiker ließ jedoch das Problem des ausgeschlossenen Dritten nicht los. Auch Weizsäcker geriet mit seinen Freunden wegen der verwirrenden Beobachtungen mit der Mechanik der Quanten ins Zweifeln. Es schien richtig zu sein, dass ein nichtwahrer Satz falsch sein müsse und ein nichtfalscher wahr, aber plötzlich konnte man seine Intuition auch anders deuten. Auch die allgemeine Erfahrung zeigt nicht nur, dass viele lange für wahr gehaltene Auffassungen irgendwann doch korrigiert werden müssen und dass anderes, das man zunächst für falsch hielt, in verändertem Kontext doch wiederkehrte und also nicht ganz falsch gewesen sein konnte. Es ist ebenfalls eine Lebensweisheit, dass das angeblich Falsche oft längerfristig interessant bleibt und oft irgendwann wieder aktuell wird, das vermeintlich Wahre mit der Zeit aber eher langweilig. Faktisch deutet das darauf hin, dass das binäre (»digitale«) Ja-nein-Schema für sehr viele differenzierungsbedürftige Sachverhalte ein zu grobes logisches Ordnungsraster bildet. Freilich auch, dass es für vieles lange ausreicht.

Im Zeitalter der formalen Logik Gottlob Freges, das dem aristotelischen Denken heute nachfolgt, war es besonders der holländische Mathematiker Egbertus Brouwer, dem nie einleuchtete, dass das Dritte ausgeschlossen werden muss. Er konnte zeigen, dass Logik auch zwischen mehr als zwei Wahrheitswerten widerspruchsfrei aufgebaut werden kann. Doch dies allein ist noch nicht ausreichend. Auch die mehrwertige Logik ist ein Produkt des Anthropozän. Das ausgeschlossene Dritte ist eben mehr als ein Logikkalkül. Auch Wahrheit ist mehr als ein Wahrheitswert. Es geht darum, den ganzen rationalen Raum neu aufzuspannen, der auch die Werte des Handelns mitumfasst. Brouwer war zu sehr nur Mathematiker, als dass sich die Hoffnung, sein »Intuitionismus« müsse nun alle Kollegen überzeugen, erfüllen konnte. Die Einfachheit der binär-digitalen Weltsicht war unschlagbar, weil sie bei den meisten Problemen des Alltags tatsächlich ausreicht.

Und doch geht es um mehr. Rationalität ist Logik, aber sie ist nicht nur das. Heute gibt es auch Logiker, die vorurteilsfreier als früher andere Kulturen oder Denktraditionen daraufhin untersuchen, ob sie nicht bereits durch eine stärker differenzierende Logik Probleme vermeiden, die uns in die Aporien und Katastrophen des Anthropozän geführt haben, Graham Priest zum Beispiel. Der Physiker Weizsäcker gehörte zu den Pionieren, die für solche Gedanken aufgeschlossen waren, denn er musste ein neues Weltbild der Physik erklären und war stets offen für sinnvolles Hinzulernen. »Weiterdenken« hieß seine unschlagbar kurze Antwort auf die Frage nach der philosophischen Methode.

Gibt es *d i e* Sprache, *d a s* Wissen?

Wer die Wissenschaft als Mitbeteiligte an den Triebkräften des Anthropozän thematisiert, kommt beim Weiterdenken neben der Logik vor allem um die Sprache nicht herum. Ohne Sprache gibt es keine Wissenschaft. Es gibt aber »die Sprache« überhaupt nicht. Es gibt nur sehr viele verschiedene Sprachen. Wir nennen sie »natürlich«, weil sie nicht gezielt für spezielle Zwecke von Menschen konstruiert worden sind. Ihre Zahl nimmt ab, aber es werden noch immer über 6.500 gesprochen und tradiert. Geschrieben werden viel weniger, denn dafür braucht man Schriften. Heute denken viele Wissenschaftler beim Thema Sprache gleich an die geschriebene Sprache, doch die Sprachverschiedenheit ist eine elementare akustische Tatsache, keine optische. Sie ist nicht die christlich-babylonische Gottesstrafe der Unverständlichkeit für unsere Hybris, sondern ein großes Geschenk der Evolution an unsere Rationalität der Weltwahrnehmung. Sie ermöglicht uns, die Wirklichkeit aus verschiedenen Perspektiven zu sehen. Eine der wichtigen Erkenntnisse des 20. Jahrhundert ist es nämlich, dass es keine ideale Wissenschaftssprache für alle Spezialistenzwecke gibt. Am ehesten geht dies noch mit den flexiblen natürlichen Sprachen, wenn auch nicht einer bestimmten. Alle taugen für ihre jeweiligen Kulturen sehr gut, doch die sind eben verschieden.

Übersetzungen sind deshalb notwendig, aber immer nur näherungsweise akzeptabel; sie sind grundsätzlich nie perfekt. Mehrsprachigkeit ist immer besser; sie öffnet Horizonte. In Afrika mit seinen vielen Kleinkulturen ist sie viel verbreiteter üblich als in Europa. Darf ich vermuten, dass die Vielfalt der Rationalität dort eher zuhause ist als bei uns? Auch bei Lyrik wird dies sofort verständlich, denn hier wird eine Sprache hochverdichtet gebraucht. Doch auch dann, wenn es in der wissenschaftlichen Prosa um feine Differenzierungen geht, kann es ins Gewicht fallen. Das schafft für die heutige Wissenschaft ein großes Dilemma: Sie muss sich entscheiden, ob sie es wichtiger finden soll, ihre Gedanken sprachlich möglichst treffend auszudrücken und dafür das Faktum der Sprachenverschiedenheit in Kauf zu nehmen, oder ob sie lieber die schnelle Verständigung durch eine einzige ausgewählte Sprache vorziehen sollte, auch wenn damit Übersetzungsunschärfen allen anderen gegenüber und kulturell bedingte Nebenbedeutungen nicht zu vermeiden sind. Vernünftig wäre es, beides nebeneinander zuzulassen, doch das geschieht nicht.

Es verwundert schon, welche Lösung die angeblich auf ihre Freiheit so stolze europagebürtige Wissenschaft zu allen Zeiten gewählt hat: keine wissenschaftliche oder philosophische, sondern eine bequem phantasielose, eine politische. Am meisten ins kollektive Bewusstsein hat sich die aufs römische Reich zurückgehende Lateinzeit der Wissenschaft eingeprägt, denn sie hält in vielen Fachbegriffen und Nomenklaturen bis heute an. In der Biologie mussten beispielsweise sogar vor noch nicht allzu langer Zeit ganze Erstbeschreibungen von Arten auf Latein angefertigt werden. Nichts scheinen wir seither dazugelernt zu haben. Es erscheint jetzt fast als konsequent, wenn sich inzwischen immer größere Teile der Wissenschaft der heute politisch führenden Verkehrssprache bedienen, des Englischen. *English only* heißt die sich immer mehr durchsetzende jetzige Bequemlösung. Sie ist eine als Belohnung verkleidete Strafe für unsere Dummheit, die Erkenntnischancen der Sprachverschiedenheit nicht zu nutzen.

Diese Dummheit führt geradewegs in die Ideologie des Anthropozän. Da ein sehr hoher Anteil der Wissenschaftler Englisch nicht als Muttersprache spricht, ist deren Sprachkompetenz sehr oft mehr oder weniger eingeschränkt. Wenn man annimmt, dass es der Wissenschaft um treffende Formulierungen und um Differenzierung gehen sollte, ist dies misslich. Faktisch beginnt für sehr viele Wissenschaftler mit dem Verzicht auf das ihnen zur Verfügung stehende differenzierteste Ausdrucksmittel – ihre Muttersprache – der Wirklichkeitsverlust der heute vorherrschenden Wissenskultur. Sie opfert die Genauigkeit des Gemeinten der Zeit- und Geldersparnis des Gesagten oder gar Geschriebenen und stellt ökonomische Werte höher als wissenschaftliche. So schafft eine herrschende Philosophie – die inzwischen selbst international fast nur noch Englisch spricht – ein Problem ab, das mit ihrer Praxis kollidiert: durch Nichtthematisierung und Gewohnheit. Einfach ignorieren und machen, statt diskutieren, lautet die entsprechende ökonomiefreundliche Devise. Das heutige Wissenschaftsenglisch ist eine Art gehobener Pidginsprache, vermeintlich überall identisch, tatsächlich nichts Halbes und nichts Ganzes. Zum Rationalitätsanspruch der Wissenschaft passt dies nicht gut. Denn es geht nicht nur um Sprachen; es geht vor allem um das darin formulierte Wissen.

Es gibt aber »das Wissen« ebenso wenig wie »die Sprache«. Wir müssen es sprachlich formulieren, wenn es wissenschaftlich belangvoll sein soll, aber dann müssten wir eigentlich die Verschiedenheit der Sprachen ernstnehmen. Bevor wir nämlich in ihnen kommunizieren können, müssen wir erstmal einen kognitiven Bezug zur Wirklichkeit aufbauen. Die Linguistik ist erst in zweiter Linie eine Kommunikationswissenschaft; in erster Linie ist sie eine Kognitionswissenschaft. Ihre konsequenteste Form ist die ökosystemisch ansetzende Linguistik, für die ihr Gegenstand nicht nur eine Sprache, sondern ein Sprache-Welt-Zusammenhang ist; in Brasilien (wo man seit dem Kolonialismus Portugiesisch als herrschende Verkehrssprache spricht, wo aber auch viele indigene Sprachen noch gesprochen werden) ist man hiervon zum Beispiel überzeugt. Auch in Afrika oder in China (!) ist das Bewusstsein hierfür stärker entwickelt als in Europa oder den USA, und folglich die ökologische Linguistik besonders beliebt. Denn Kontakt zur Wirklichkeit finden die Sprachen in sehr unterschiedlicher Weise und mit entsprechend unterschiedlichen Ergebnissen. Eine Faktenbeschreibung kann je nach Sprache sehr verschieden ausfallen. Deshalb ist die bequeme Wahl einer gerade aus politischen oder ökonomischen Gründen vielgesprochenen Sprache keine Lösung, sondern eine Freiheitsbeschränkung für das rationale Denken.

Und die Ethik? Unverantwortliches Handeln auf der Basis unzureichenden Wissens?

Doch es gibt noch ein weiteres grundsätzliches Problem beim Wissen: dass es Grundlage des Handelns werden kann. Ein Wissen, bei dem dies nicht mitgedacht wird, führt zu einer Wissenschaftstheorie, bei der die Ethik nicht mitgedacht wird. Sie wird ausgelagert in eine spezielle philosophische Disziplin. Und es ist kein Wunder, dass diese heute immer mehr nutzen- und nicht verantwortungsorientiert denkt. Der moralische Utilitarismus passt zum Anthropozän: Sein Wissensbegriff lässt offen, wem es dient. Die ethische Leere der Gegenwartswissenschaft ist die Folge. Hans Jonas hat dies klar herausgearbeitet. Ein heutiges Wissensverständnis muss grundsätzlich an Verantwortung geknüpft werden. Sonst droht Ideologie.

Es ist auch ein Grund, warum ich dieses Buch bewusst nicht auf Englisch schreibe. Ich möchte die geltenden Nivellierungsgewohnheiten nicht unterstützen. Selbst in stilistischer Hinsicht versuche ich bewusst, die sprachlichen Gepflogenheiten des Anthropozän zu meiden. Es ist nämlich auffällig, wie sehr man dort die erste Person Singular scheut, um den Eindruck zu erwecken, es handle sich bei den Inhalten wissenschaftlicher Texte um nichtsubjektive, sogar objektive Sachverhalte. Zwar kann es hier ernsthaft höchstens um Intersubjektivität gehen, doch fällt zumindest in Lehrbüchern auch dieser Vorbehalt noch der Vortäuschung zum Opfer, man könne die Glaubensansichten von Einzelpersonen tatsächlich aus der »exakten« Wissenschaft eliminieren. Dabei sind die ehrlichsten, am meisten weiterführenden Darstellungen tatsächlich solche, die das Ich des einzelnen Wissenschaftlers nicht verstecken, sondern offen herausstellen. Für mich ist eines der besten wissenschaftlichen Bücher Werner Heisenbergs *Der Teil und das Ganze*: selbsterlebte große Wissenschaft, in der Ich-Sprache erzählt.

Die verschämte, ökonomisch geleitete Einheitssprache der Wissenskultur des Anthropozän ist ein auffälliger Beleg für seine Wirklichkeitsverluste, die uns zukunftsunfähig macht. Sprachwahl und Sprachstil sind hier eng verkoppelt. Dieses Wissensverständnis ist ethikunabhängig. Ob etwas Wissen ist oder nicht, ist in dieser Ideologie ausschließlich von logischen, empirischen und politischen Opportunitäten abhängig, nicht davon, wie es sich beim Handeln auswirkt. So kommen dann Handlungsmuster und Technologien zustande, die hochgefährlich sein können, was aber erst bei Anwendungen sichtbar wird. Eine Wissenschaftstheorie ohne Ethik ist unzureichend, weil sie die ganze Praxisdimension des Wissens unberücksichtigt lässt. Doch sie war es, die als Frucht der Aufklärung die Zukunftsperspektive Hoffnungsträgerin begründet hat. Dies zeigte sich für jedermann sichtbar in den einfachen Technologien des 19. Jahrhunderts, heute »Low-Tech« genannt. Erst die »High-Tech«-Nachfolgetechnologien des 20. Jahrhunderts beendeten diese positive Perspektive auf die Leistungsfähigkeit der Wissenschaft. Denn sie waren zu oft riskante Anwendungen eines Wissens, das nicht mehr durch einen Filter ethischer Ansprüche gegangen war.

Heute ist fast die ganze Anthropozän-Literatur so enttäuschend wie dieses Zeitalter selbst. Beide verstehen die Wissenschaft nur als Analyseinstrument und versäumen es, sie auch kritisch als Treiber dieses Erdzeitalters zu behandeln, dessen phantasielose Glorifizierung zur Ideologie geworden ist. Vor allem die Verdrängung dieser Flucht aus der Realität, die Tatsache, dass man inzwischen zwar kritisch über Klima und Wirtschaft, aber nicht über Wissen, Handeln und Sprachen nachdenkt, macht die Gefährlichkeit dieses Zeitalters aus. Reflexionsverweigerung ist das Gegenteil von Aufklärung.

3

Weitere folgenreiche Irrtümer

Über Vielfalt, Fortschritt, Gewissheit und Aydan Uslu

Alte Fehler, Wegbereiter des Anthropozän?

Die im vorigen Kapitel behandelten Themen sind wissenschaftsgeschichtlich schon alt. Sie führten uns zurück in die Entstehungszeit der abendländischen Wissenschaft zu den Philosophen im alten Athen, teilweise schon den Vorsokratikern. Auch Sprache war damals schon ein philosophisches Thema, allerdings nicht die Sprachenvielfalt. Das lag daran, dass man damals nur wenige benachbarte Völker mit anderen Sprachen kannte. Das wahre Ausmaß der Sprachverschiedenheit lag noch im Dunkeln. Logik und Ethik waren freilich schon wichtige Themen und Aristoteles wurde zum Begründer verschiedener wissenschaftlicher Disziplinen. Damals wurden Entscheidungen getroffen, die bis heute nachwirken, als faktisch lange wirksame Einschränkungen, auch Fehlentscheidungen. Das Anthropozän weist die Spuren davon bis heute auf.

Anderes wurde auch bereits diskutiert, aber erst viel später so hervorgehoben, dass es uns Heutigen als immer noch aktuelles Problem auffallen kann. Drei dieser Themen behandelt dieses dritte Kapitel: Vielfalt, Fortschritt und Gewissheit. Vielfalt war ein großes Thema im stark kirchlich geprägten Mittelalter, Fortschritt wurde dann das herausragende Thema zu Beginn der Neuzeit, und über Gewissheit stritt die Philosophie ab der zweiten Hälfte des 19. Jahrhunderts. Damals sah es so aus, als könnte die Wissenschaft einige Fragen abschließend ein für allemal beantworten.

Der Positivismus entstand und mit ihm der neue Mythos der vermeintlich exakten Wissenschaft. Die Wissenskultur des Anthropozän ist auf allen Ebenen durch diese Entwicklungen stark beeinflusst worden, so stark, dass sie jetzt kaum noch davon loskommt.

Das erste Thema ist die fast tragische Geschichte, die mit dem Verlust von Vielfalt als positiv besetztem Wert in der heutigen Wissenschaft verbunden ist. Die natürliche Vielfalt war ein großes wichtiges Thema der frühen, alten Wissenschaft. So auch noch des frommen englischen Mönchs William of Occam (1287–1347). Als gottesfürchtiger Mensch pries er sie als notwendig, weil sie von dem geschaffen war, der selbst notwendig war. Alles, was Menschen schufen, war für ihn demgegenüber nicht notwendig. Heute kennen die meisten nur noch einen einzigen Satz, der ihm zugeschrieben wird: *entia non sunt multiplicanda praeter necessitatem* (ungefähr: Wir sollten Dinge nicht vermehren, es sei denn, dass sie notwendig sind), der aber so wahrscheinlich gar nicht von ihm stammt, sondern ihm im Zusammenhang einer sehr verwickelten Rezeptions- und Interpretationsgeschichte als »Ockhams Rasiermesser« angedichtet worden ist. In dieser wurde ihm sein Vielfaltslob geradezu im Munde herumgedreht und mit dem Überfluss vermischt. Er selbst wurde so zum frühen Vorläufer der neopositivistischen Reduktionsphilosophen verfälscht und damit ging faktisch Vielfalt für die tonangebende Wissenskultur als positiver Wert endgültig verloren. In ihr endet die Frage nach der Wahrheit mit der richtigen Antwort. Der Vielfaltsbart wurde abrasiert. Für Meinungsvielfalt gab es bei den Positivisten keinen Platz mehr. Wissen ist danach – im Prinzip – auffindbar und dann exakt. Dies sagt jedenfalls das seither mathematisch-naturwissenschaftlich geprägte Wissensverständnis des Anthropozän.

Das zweite Thema, Fortschritt, war eine scheinbar genial-einfache Idee des englischen Edelmanns Francis Bacon (1561–1626), dem Autor des langfristig einflussreichsten Methodenbuches der Wissenschaftsgeschichte, des *Novum Organum Scientiarum* von 1620. Es ist schnell der gültige Katechismus des Anthropozän geworden und im Grunde bis heute geblieben. Kein Wunder, denn es prophezeite allen, die seiner Empfehlung folgten, zwei Formen unwiderstehlichen Lohns: Fortschritt und Glück. Und die Empfehlung war einfach: alles Beobachtete in seine kleinsten Bestandteile zu zerlegen, denn das Ganze, in das diese bei der Beobachtung noch eingebettet sind, brächte keinen Erkenntnisgewinn. Dies war ein monumentaler Irrtum. Aber er wird meistens bis heute nicht erkannt. Denn alles, was folgte, war die einzigartige Baconsche Erfolgsgeschichte. Sie begann mit der Zerlegung der Wissenschaft in die Wissenschaften, die heute noch immer kräftig weiterbetrieben wird, und führte in allen so entstandenen Disziplinen und Unterdisziplinen zur Suche nach Elementarteilchen oder einfachen Bausteinen, aus denen das komplexe Wissen aufgebaut wird. Es war der Sieg der Spezialisierung und des analytischen Denkens, und beides war ein viel zu hoher Preis für einen zu geringen Erkenntnisgewinn.

Das modernste der Themen, die die Geschichte des Anthropozän geprägt haben, ist die Gewissheit. Früher machte man wenig Aufhebens darum: Wenn etwas eine Tatsache war, dann war das eben so; Zweifler gab es immer. Aber je mehr sich die Wissenschaft als Institution etablierte, desto wichtiger war es ihr zu bekräftigen, dass ihre Tatsachenaussagen nicht mehr infrage gestellt werden können. So entstand der Positivismus als eine immer stärker werdende philosophische Strömung, die in der zweiten Hälfte des 19. Jahrhunderts eine Stütze der sich verbreitenden Wissenschaftsgläubigkeit wurde. Besonders die Physiker fühlten sich als deren Speerspitze. Ernst Mach und sein Schüler Moritz Schlick in Wien verkörperten sie. Nur so ist es zu erklären, dass die großen Veränderungen, die die erste Hälfte des 20. Jahrhunderts für sie brachte, in ihrer Disziplin zu derart grundsätzlichen Diskussionen und Umdenkforderungen führte, dass diese die Schulphysik teilweise noch immer spalten. Dass Unschärfen gerade dann auftreten, wenn man Bacons Forderung nach Zerlegung der Materie in ihre kleinsten Bestandteile besonders konsequent befolgt, verunsichert viele Menschen weit über die Gruppe der Physiker hinaus noch heute. Wir haben bis jetzt nicht gelernt zu begreifen, dass Wissenschaft eben gerade nicht ein Hort der Gewissheit ist, sondern ihre Rationalität eher darin besteht, sie als Ort kontrollierter Ungewissheit zu begreifen. Niemand hat dies so klar erkannt wie Werner Heisenberg. Seine Unschärfetheorie war schon längst philosophisch, bevor sie als physikalische Unschärferelation mathematisch ausformuliert wurde.

Vielfalt ist für die Kultur so wichtig wie für die Natur, aber mit beidem kann das Anthropozän nicht vernünftig umgehen. Den Fortschritt überschätzt es ebenso wie es die existierenden, aber verdeckten Zusammenhänge unterschätzt. Und es verkennt auch die uns allenthalben umgebende Ungewissheit, indem es der Fiktion einer Gewissheit hinterherrennt, die ihm die Wissenschaft in allen empirischen Dingen nicht geben kann. Dennoch ist das, was sie uns gibt, in sehr vielen Fällen ausreichend, denn es beendet die völlige Orientierungslosigkeit. Mit unscharfen Grenzen vernünftig umzugehen, scheint sehr schwer zu sein, weil uns das inzwischen erreichte Ausmaß der Spezialisierung und das simple linienhafte Grenzdenken oft überfordert. Es wären neue schöpferische Ideen nötig, die uns weiterbringen müssten. Doch dies scheinen wir nicht wahrhaben zu wollen. Sonst würden wir bereitwilliger als bisher über unsere gewohnten Horizonte hinausschauen und uns für andere Wissens- und Lernkulturen interessieren. Einige haben dies dennoch erkannt, zum Beispiel der amerikanische Systemphilosoph Darrell P. Arnold. Er zählt deshalb die Kulturökologie zu den bemerkenswerten Weiterentwicklungen des systemischen Denkens.

Aydan Uslu

Ich erinnere mich an eine Studentin, die Kurdin Aydan Uslu, von der ich sicher so viel gelernt habe wie sie durch mich; ich erzähle deshalb von ihr. Es geschah in meinem regelmäßig wiederholten »Kreativseminar«, zu dem stets nur gute, durch die meisten Lehrveranstaltungen unterforderte Studierende kamen. Äußerlich eher unscheinbar, tauchte jene Studentin plötzlich unter den Seminarteilnehmern auf. Doch wenn sie redete, hörte man sofort hin: Es erklang eine wohlüberlegte, gut formulierte Sprache. Irgendetwas daherschwatzen, das gab es bei ihr nicht.

Aydan war auf der Suche nach einer Idee, die ihrer Überzeugung von universaler, kulturübergreifender Rationalität entsprach. Vielfalt gehörte bei ihr immer als etwas Gutes, Alternativen Anbietendes dazu. Die üblichen Floskeln von »Relativismus«, »exakter Erkenntnis« oder »Landeskunde« genügten ihr nicht. Fortschrittsgeschwätz, die Fiktion abschließender Gewissheit oder gar Nationalismus waren Greuel für sie. Sie begab sich immer auf »kulturelle Spurensuche« (einer ihrer Begriffe). Doch die Scheu vieler vor schwierigen Zusammenhängen, Theorien oder großen Namen kannte sie nicht. Als sie bei mir von Fritjof Capra hörte, fackelte sie nicht lange und flog einfach hin. Und beeindruckte Fritjof so, wie sie mich beeindruckt hatte: mit ihren klaren Worten.

Leider folgte kein reines Happy End: Ihre befristete Stelle in Deutschland lief aus und sie musste wieder in den Iran zurück, wo sie zuletzt tätig gewesen war. Überall, wohin sie mit ihrer Familie zog (sie war mit einem ebenfalls unabhängig denkenden deutsch-persischen Mann verheiratet und hatte eine kleine Tochter), suchte sie die transkulturelle universale Rationalität. Für sie war dies eine gute Vision, doch die jeweilige Wirklichkeit sah anders aus. Sie fand nicht, was sie suchte; die Mullahs ließen es nicht zu. Es ist das Gleiche wie mit dem Gaiazän: Die Wahrscheinlichkeit spricht nicht dafür, dass es demnächst anbricht. Doch manchmal bringt die Zukunft auch das Unwahrscheinliche hervor. Wir müssen darum kämpfen.

Der Vernunftprozess zeigt sich jedenfalls, wenn der Lehrer-Schüler-Unterschied belanglos wird. Aydans mündliche Promotion bescherte mir die besten, auch angenehmsten Prüfungsstunden: Wir unterhielten uns auf Augenhöhe, doch es war mehr als Unterhaltung: Es war ein echter Dialog. Zu meinem 60. Geburtstag 2002 kamen fünf von diesen ehemaligen Studierenden zusammen und führten vor vielen Gästen nochmal eine heitere komprimierte Seminarstunde vor. Unter ihnen waren mein inzwischen verstorbener Künstlerfreund Herman Prigann (Gründer der »Art-in-nature«-Bewegung), mein alter Schulfreund, der Philosoph Walther Zimmerli (damals gerade Präsident der Volkswagen-Auto-Uni in Wolfsburg geworden), auch Kollegen, zum Beispiel der nächste Rektor der Bielefelder Universität. Es beteiligten sich neben Aydan noch Kurt (später in Neurobiologie promoviert und habilitiert), Charlotte, genannt Lo (jetzt Professorin für Soziale Kommunikation), Steffen (was ist aus ihm geworden?) und Paul (promovierter Sachbuchautor und Coach). Etwa so lief das ab:

Kann ein Seminar die Phantasie beleben?

Aydan: Wir haben uns mit der Kulturökologie beschäftigt. Und ich denke tatsächlich: Man kann in eine Kultur eintauchen wie in das Ökosystem eines Sees.
Lo: Das ist ein Bild. Was willst du uns damit sagen?
Aydan: Dass die Kultur nicht nur die Funktion, sondern auch die Struktur vom Vorbild der älteren Natur übernommen hat.
Kurt: Du sprichst sehr metaphorisch. Zum Beispiel wird man nicht nass, wenn man in eine Kultur eintaucht.

Aydan: Das ist richtig, aber wichtiger finde ich, dass wir durch diese Metapher einen Erkenntnisgewinn haben.
Lo: Gib ein Beispiel!
Aydan: Die Wissenschaft. Sie ist eine kulturelle Leistung. Es gibt dort alle Rollen, die wir von den natürlichen Ökosystemen her kennen: die Produktion, die Konsumption und die Reduktion.
Paul: Die Konsumption? Was heißt das?
Aydan: Natürlich wird Wissen nicht gegessen, körperlich konsumiert, sondern geistig assimiliert. Aufgenommen in den schon vorhandenen Bestand, integriert, verstanden. Wissen wird produziert, angeeignet, aber auch wieder verworfen und vergessen, wenn es nichts taugt.
Kurt: Schön, aber das ist immer noch sehr abstrakt geredet. Die ganze Materie fehlt, die in der Natur das Wichtigste ist und in den dortigen Systemen umgebaut wird.
Steffen: Ja, und es gibt nicht unterschiedliche Organismengruppen, von denen jede nur eine dieser Rollen übernommen hat. Wir Menschen können sie alle spielen.
Aydan: Ja, so ist das eben in der Kultur. Ähnlich wie in der Natur, aber auch anders. Das Material des Geistes ist die Sprache. Die ökologischen Teilfunktionen sind Rollen. Wie in einem Schauspiel. Peter hat ja vorhin erzählt, dass er zusammen mit dem Herrn Zimmerli, der da vorn sitzt, als Schüler mal Büchners *Leonce und Lena* gespielt hat. Er war Leonce, Zimmerli dessen Freund Valerio.
Einwurf Zimmerli: Genau! Wir waren ganz gut damals!
Aydan: Ja, warum auch nicht? Es ist wie Steffen sagt: Wir haben ein Gehirn, das uns in alle Rollen, auch jene ökologischen Rollen schlüpfen lässt. Die kulturelle Evolution hat die Ergebnisse der natürlichen zur Anregung genommen, weil sie sich dort bewährt haben. Für das neue Lebewesen und den materielosen Geist musste es sie noch abwandeln, ergänzen. Mit wandelbaren Regeln statt stabilen Gesetzen.

Kurt: Auch das, und wir haben noch viele andere Dinge hinzuerfunden, die es in der Natur nicht gibt. Geld zum Beispiel. Ihr solltet mal Silvio Gesell lesen. Da kann man lernen, dass man Geld auch ganz anders organisieren kann, als wir das heute tun. Dann würde es altern wie alles andere auch.
Paul: Geld ist ein sehr gutes Stichwort. Heute läuft fast nichts mehr ohne Geld. Wenn ich allein dies ganze Geburtstagsbüfett sehe, auf das sich nachher alle stürzen, das hat sicher eine ganze Menge gekostet. Und die Wissenschaft, diese Universität, braucht jede Menge Geld.
Steffen: Du willst sagen, sie *v e r* braucht jede Menge Geld.
Kurt: Das klingt fast so, als sprächest du von einem Energieträger!
Steffen: Das tue ich auch. Nur mit der Sonnenenergie kommen wir in der Kultur nicht aus. Geld ist so etwas wie eine kulturelle Ersatzenergie.
(PF, Einwurf aus der ersten Reihe): Ich habe in Heidelberg bei der VÖÖ mal einen Vortrag als Loblied auf die Sonne gehalten, die uns die ganze Wissenschaft, auch die Ökonomik ermöglicht.
Lo: Na, da muss ja wohl noch einiges an Energieumwandlung passieren!
(PF): Sicher, zum Beispiel muss das Geld hergestellt und auch noch verteilt werden. Und man muss etwas davon abbekommen!
Paul: O ja, ich habe definitiv davon zu wenig!
Aydan: Liebe Leute, verliert nicht die Hauptsache aus den Augen. Was ihr da jetzt alles erwähnt, sind Nebenaspekte. Ich bestreite nicht, dass die auch wichtig sein können, aber wir sollten uns nicht verzetteln. Ihr könnt euch ja gleich an dem Büfett gütlich tun. Und so wichtig ist Geld nun auch wieder nicht. Entscheidend ist doch jetzt bei diesem Beispiel, dass uns bekannte Tatsachen auf eine neue Idee bringen können, weil hier zwei Dinge zusammengeführt worden sind, die man normalerweise trennt. Natürlich ist so etwas immer riskant, aber zunächst einmal ist es

interessant, weil es zeigt, dass das Neue aus alten Bestandteilen aufgebaut sein kann. Der Fortschritt ist deshalb gar nicht so groß, wie er erscheint.

Paul: Übrigens ist es wohl kein Zufall, dass wir hier viele Metaphern benutzen. Die Wissenschaftssprache tut ja so, als hätte sie etwas gegen Metaphern. Dabei ist selbst die Sprache der Physik voll davon: Kraft, Arbeit, Stoff, Atom und so weiter. Das bloß Neue allein reicht nicht; es geht um das Kreative. Aber was ist das? Wir brauchen es, wenn wir zukunftsfähig werden wollen.

Einwurf Prigann: Bei art-in-nature führen wir die künstlerische und die natürliche Kreativität wieder zusammen: Wir verändern etwas in vom Menschen zerstörter Landschaft und überlassen sein weiteres Schicksal der Natur. Aber was Kreativität genau ist, das müsst Ihr herausfinden.

(Ein Ausschnitt, aus der Erinnerung rekonstruiert). Später gaben zwei andere Mitglieder jenes Seminars aus dem Anlass meines 60. Geburtstags noch ein Buch mit Artikeln bekannter Leute heraus (wie Hans-Peter Dürr, Christiane Busch-Lüty, Ervin Laszlo, Herman Prigann, auch Capra war dabei). Sie versuchten dort, einer Antwort auf die Frage nach der Zukunftsfähigkeit näherzukommen.

Was charakterisiert gute Wissenschaft mehr: Fragen oder Antworten?

In den Originalstunden hatte ich mich hauptsächlich mit Fragen eingemischt. Ich war in der Regel mehr Teilnehmer als Leiter. Das Ganze fühlte sich fast an wie ein aktuell stattfindender sokratischer Dialog, wenn auch nicht ganz so anspruchsvoll. Aber man erlebte die Entstehung, die Aufnahme und das Verwerfen von Ideen mit. Dieses Seminar war keine Lehrveranstaltung wie andere, sondern etwas, was immer seltener geworden ist an den Universitäten des Anthropozän: das Miterleben und aktive Mitmachen bei kreativem Lernen. Viele meiner freien und privilegierten Kollegen trauten sich im Zeitalter der Mittelkürzungen und Kapazitätsrechnungen nicht mehr, solches anzubieten; mir warfen einige sogar vor, dass ich es tat. Doch ich fühlte mich verantwortlich dafür auf meiner Wissenschaftstheorie-Stelle. Die Schulung des Selberdenkens kommt zu kurz an der jetzigen Universität, besonders nach der Bologna-Reform. Veränderungen wären schon nötig gewesen, aber eher in die umgekehrte Richtung: auf größere Freiheiten hin, Zeitgewinn statt Zeitdruck, Förderung der Eigeninitiative, nicht des Mitmachens, sondern des Selbermachens, der Zivilcourage. Aber nein: Wir produzieren vor allem Bachelors und Masters. Der Gewinn von Vielfalt, die Rückholung der Zusammenhänge und das Ende der Überschätzung des Fortschritts sowie der rationale Umgang mit Gewissheit und Ungewissheit wären für Gaia und den Menschen die wichtigen Themen. Bei ihnen wurden Weichen falsch gestellt. Das Ergebnis ist das Anthropozän. Es gibt viele Belege hierfür.

Zum Beispiel wollen uns einige heute von der »Klimalüge« überzeugen, bezeichnen die Biodiversitätsverluste als bedauerlichen, aber notwendigen Preis des »Fortschritts« und die Gaiahypothese als esoterische Verirrung zweier Gelehrter, die den wissenschaftlichen Kompass verloren haben. Genauer: das, was sie, die Hüter der angeblich richtigen Positionen, dafür halten. Denn sie bestätigen nur die Macht der anthropozentrischen Wissenskultur. Für sie ist gute Wissenschaft dann gegeben, wenn Gewissheit besteht, wenn die Meinungsvielfalt überwunden ist und sichere Detailkenntnisse an die Stelle nebulöser Ganzheiten getreten sind. Das schlichte Schwarzweißbild des Entweder-wahr-oder-falsch, die Fiktion der ein für allemal bestätigten Einsicht und die Trennung der Ethik von der Wissenschaftstheorie sind die Kennzeichen dieser Fehlentwicklung, die viele Köpfe beherrscht. Sie ist populär, weil sie einfach ist, mit den angeblichen ökonomischen Zwängen verträglich und Wissen zu etwas Endgültigem erklärt.

Viele Wissenschaftler sind selbst Opfer dieser folgenreichen Vereinfachungen, selbstverschuldeten Ideologien oder Wirklichkeitsverlusten. Sie legen sich ihre eigene Profession so zurecht, wie sie Wirklichkeit empfinden, was aber tatsächlich nur ein Wunschbild ist, dem sie folgen. Sie folgen ihm, weil ihre Idee von Rationalität nicht zu Ende gedacht, sondern mit dem zufrieden ist, was die Geschichte der alten Aufklärung für sie erbracht hat: die bequem einfache, halbierte Erde und ihre eigene Gewinnerperspektive. Die Ursachen werden verdrängt oder vergessen; sie gelten als verblassende Last der Geschichte, denn Vergangenheit ist angeblich vorbei, für die Lebenden zählen vermeintlich nur die verbliebenen Resultate. Doch dies ist falsch. Wer meint, dass gute Wissenschaft exakt sein muss, keine offenen Alternativen mehr kennt, sondern zu guter Letzt nur aus den Antworten auf unsere Fragen besteht, der vereinfacht die Wirklichkeit zu einem handlichen Modell von ihr. Sie ist ihm sonst zu komplex. Er will das machen, um der Wissenschaft zu dienen, aber faktisch grenzt er aus, richtet, obwohl dafür keine Veranlassung außer vielleicht einer ökonomischen besteht.

Dabei sind die ökonomischen Tatsachen genauso unklar und schwankend wie alles andere auch. Die Wirtschaftswissenschaften sind heute Paradebeispiele von Disziplinen mit erschütterten Grundlagen und zugleich die wirksamsten Faktenschaffer. Auch ihre klassischen Lehrsätze beruhen auf Fehlinterpretationen und verdrängtem Wandel, dem stabilen Irrtum, dass die voll gewordene Erde immer noch leer genug sei, um auch eine stark wachsende Menschheit satt zu machen. Adam Smith und David

Ricardo haben sie noch ziemlich leer erlebt, aber für den späteren Weltbankpräsidenten Herman Daly war sie längst voll, ja übervoll geworden. Selbst die Biologie hat sich zu lange so sehr vom Menschen beeindrucken lassen, dass sie unsere Mitlebewesen erst spät in ihrer Bedeutung für uns erkannt hat. Heute werden sie in ihrem Umfeld, von uns allen, wenn schon nicht als nur lästiges Ungeziefer, dann allenfalls als ästhetisches Phänomen verstanden, grün oder drollig, das den Menschen zeitweise umgibt, und nicht etwa als tragende Säule unserer Existenz. Beim Aussterben, das wir als Fatum nehmen und als Faktum, blenden uns die großen Organismen, obwohl die kleinen – die Insekten – ja die winzigen – die Einzeller, Bakterien und Pilze – viel wichtiger wären.

Natürlich gehören Fragen und Antworten zusammen. Aber es ist die nicht endende Folge der Fragen, die die Wissenschaft großartig machen, nicht die Liste der Antworten. Es ist die Ungewissheit, die sie begleitet, weil uns alle Antworten die Frage nach der Zukunft nicht beantworten können. Das ganze komplexe Netz aus Zusammenhängen überfordert uns, wir halten uns an seine sichtbaren Teile, aber die sind eben nicht genug. Mit unseren Argumenten versuchen wir, Schneisen in diese ungewisse Wirklichkeit zu schlagen; wir parzellieren den Gesamtzusammenhang in Stücke und vergessen ihn darüber. Die Aufmerksamkeit der Mehrheiten und gewiss der Medien bekommen die Teile; das Ganze überfordert auch sie, es ist zu unsicher, zu komplex, wird als irrational und unwirklich verstanden, auch als banal. Dabei ist es genau umgekehrt: Es zeigt eher die Richtung an, wo wir Realität und Rationalität suchen müssen.

Die Wirklichkeit ist vor allem von Qualitäten gekennzeichnet, nicht nur durch Quantitäten. Wir reden zwar von »Narrativen«, aber wir erzählen nichts; wir zählen nur. Wissen ist immer unfertig, eine Behelfsgröße; deshalb dürfen wir sie in ihrem Wert nicht überschätzen. Doch das tun wir. Wo wir nichts Besseres haben, um unser Bedürfnis nach Rationalität zufriedenzustellen, ist tatsächlich die jetzige Wissenschaft die bessere Wahl. Doch unser Anwendungshandeln müssten wir auch dann noch mit einer angeklebten Verantwortungsethik abstimmen. Alles, was dort den Verantwortungstest nicht besteht, hätte eigentlich zu unterbleiben. Stattdessen haben wir aus der Erde ein offenes Großlabor gemacht, das sie durch Abgase und Abwässer immer mehr belastet. Zukunftsfähig werden wir nur dann, wenn wir Wissen und Handeln, Ethik und Wissenschaftstheorie gar nicht erst trennen, sondern als einen Verantwortungszusammenhang begreifen. Ein solches Wissensverständnis ist nicht mehr das des Anthropozän, sondern das eines Gaiazän. Dies sollten wir anstreben.

4

Herrschende Lehrer

Über Wissenschaftler und P. F. Strawson

Kann quantitative Messung qualitative Bewertung ersetzen?

Man kennt die Rede von herrschenden Lehren. Aber Lehren herrschen nicht; das tun nur mächtige Personen oder Institutionen. Ich spreche lieber ehrlicher von herrschenden Lehrern. Die typischen Wissenschaftler des Anthropozän begreifen sich selbst als Lehrer. Besser: Ihre Institutionen ziehen es vor, sie so zu beschreiben. Dabei sind sie bei Lichte besehen viel mehr Lerner; sie sollten es jedenfalls sein. Der lernende Lehrer ist vielleicht ein Idealtypus; in Wirklichkeit gibt es ihn selten.

Man kann den Eindruck gewinnen, dass heutige Professoren froh sind, das Studentenleben hinter sich gelassen zu haben, so sehr gehen sie im Lehren auf und sind schwach geworden im Lernen. Dabei müssen wir es gerade von ihnen als Profis erwarten, wenn all die schönen Worte über lebenslanges Lernen und das Auf-der-Höhe-Bleiben beim aktuellen Wissenswandel wirklich gelten sollen. Nur sieht die Wirklichkeit auch hier anders aus. Faktisch bleibt eine einmal gelernte Sichtweise meistens bis auf Kleinigkeiten fast lebenslang konstant. Neue Spezialliteratur wird eingearbeitet, aber nur in Maßen. Umdenken kommt sehr selten vor. Ein einmal erworbener Ruf muss bewahrt und darf nicht aufs Spiel gesetzt werden. Wenn man ihn erlangt hat, scheint die wesentliche Zeit des Lernens in den wissenschaftlichen Institutionen des Anthropozän vorbei zu sein.

Nachdem ich viel über den Unterschied von Profis und Laien in der Wissenschaft gearbeitet habe, fällt es mir sehr auf, auf welche Nebensächlichkeiten die heutigen Universitäten und ihre Kollegen aus befristet angestelltem Personal und unbefristet beschäftigten Beamten achten. Eindeutig lieber auf Quantität statt auf Qualität: Es zählt, wie viele Veröffentlichungen jemand angeben kann, wie viele Doktoranden er betreut, wie viele Einladungen er erhält, wie viele Drittmittel er loseist. Unzureichende Doktorandenbetreuung wegen der Überforderung durch die Menge hat womöglich Konsequenzen für diese – vielleicht wird ihnen der Titel wieder aberkannt – aber kaum für die Betreuer. Und je länger die eigenen Literaturlisten sind, desto besser für die Laufbahn; wer prüft schon, ob nicht in allen Einträgen mehr oder weniger dasselbe steht. Es gibt mehrere Methoden, eine kleine Idee auf viele Veröffentlichungen zu verteilen, den gleichen Vortrag kann man einmal, aber auch zehnmal unter verschiedenen Titeln an verschiedenen Orten halten. Letzteres macht mehr her, denn es scheinen zehn Vorträge zu sein, die man gehalten hat. Und der Drittmittelwettstreit ist an den Universitäten fast zu einem Standardsport geworden, der das individuelle Gewicht der Kämpfer entscheidend mitbestimmt. Wie viele Millionen Förderung ich an Land ziehe, bestimmt mein relatives Kollegengewicht entscheidend mit.

Was halten Sie vom »Impact Factor«?

Die Anwendung mathematischer Strukturen auf empirische Sachverhalte lässt diese eher als in nichtnumerischen Formulierungen als Tatsache erscheinen, weil sie schwer messbare Qualität wie mit einem Zauberstab in eine quantitative Größe verwandelt. Und hieran schließt sich dann schnell das Vorurteil an, das alles, was nicht messbar ist, überhaupt nicht wissenschaftlich sei. Forscher im Anthropozän versuchen, so viel wie möglich messbar zu machen. Alles, was nicht messbar ist, fällt tendenziell als unwissenschaftlich unter den Tisch. Damit öffnet diese Wissenskultur ein riesengroßes irrationales Tor für Wirklichkeitsverluste; ein schwerer Fehler. Die gesamten Geisteswissenschaften stehen in trübem Licht. Auch die Freiheit des wissenschaftlichen Handelns verringert sich in dem Maße, wie quantitative Messbarkeit die qualitative Begleitung dieses Handelns ersetzt.

Eine typisch anthropozentrisch steile Karriere hat in dieser Hinsicht der »Impact Factor« gemacht, also eine quantitative Angabe darüber, wie oft eine Veröffentlichung zitiert, der Eigenname eines Forschers oder seines Instituts in *peer-reviewed journals* genannt wird. Dies wird allen Ernstes als aussagekräftige Wirkungszahl verstanden und ersetzt leider weitgehend den Vergleich von Qualitäten. Es funktioniert dort leidlich gut, wo diese Form der Vereinfachung der Wirklichkeit auf Resonanz trifft und Differenzierung nach weiteren Kriterien unbeliebt ist, weil zu schwierig, unzweckmäßig, scheinbar unnötig. Doch dies heißt: Die Aussagekraft solcher Bewertungen beschränkt sich streng genommen auf den engen Kreis der Gleichgesinnten, die sich einem informellen Zitierkartell zugehörig fühlen. Das Anthropozän tendiert zwar dazu, möglichst alle Wissenschaftler dazuzuzählen, aber das ist falsch.

Bei der Zerlegung der Ganzheiten in ihre Bestandteile ging es eigentlich hauptsächlich um Differenzierung; die konsequente Unterscheidung des Verschiedenen – Gottlob Freges und der Logik Hauptprinzip – war eines der vernünftigen Ziele und Leistungen der europäischen Aufklärung. Aber was damals als wertvolle Errungenschaft galt, ist heute zum Kennzeichen von wenigen Eingeweihten verallgemeinert geworden, die dies für ihr jeweiliges Fach im eigenen Interesse penibel zu praktizieren versuchen. Bei den anderen Fächern schaut man sowieso weg, denn man fühlt sich dort nicht betroffen. Dies ist ein Irrtum, die Verwechslung der rationalen Differenzierungsforderung mit irrationaler Spezialisierung auf Messbarkeit.

Zweifellos gibt es verbissene Erbsenzähler, die sich gern mit Details abgeben, die für alle übrigen belanglos sind. Wer sich für deren Lupen oder gar Mikroskope nicht interessiert, muss aber dennoch differenzieren und das Verschiedene unterscheiden. Auch Tabletten gegen verschiedene Krankheiten stellt man aus gutem Grund meist so her, dass sie in der Regel nicht gleich aussehen, sondern im Normalfall recht einfach schon nach Farben und Formen unterschieden werden können. Das wirklich Wichtige steht am besten schon außen auf der Verpackung. Einen langen Beipackzettel liest und versteht ohnehin fast niemand.

Der Mensch des Anthropozän hört diese Botschaft gern, denn sie erleichtert scheinbar das Leben. Wenn Unterscheidungen nur den Spezialisten abverlangt werden, aber vom gewöhnlich Sterblichen nicht, dann scheint dies der Fortschritt zu sein, den uns die europäische Aufklärung gebracht hat. Doch leider ist dies ein Irrtum und nur ein Fortschritt, wenn Bequemlichkeit zum Maßstab genommen wird. Diesen Wirklichkeitsverlust befördert zu haben und heute sogar weiter zu stabilisieren, ist eine der gravierendsten Fehlleistungen des Anthropozän. Es umgibt uns mit vielen Lehrern, guten und schlechten. Sie zu unterscheiden ist ebenso wichtig wie unbequem und oft schwierig.

Gute Lehrer findet man weniger unter den Leuten, die felsenfest von einer Überzeugung beherrscht werden, als vielmehr bei Skeptikern und Personen, die auch Zweifel an sich heranlassen. Doch das Idealbild des Anthropozän-Wissenschaftlers ist der Vertreter eines Fachs, der auf alle zum Fach gehörenden Fragen eine Antwort weiß. Auf andere braucht er sie nicht; er blendet das aus, als gäbe es sie nicht. An ihn sind sie nicht gerichtet. Doch es gibt sie. Man macht es sich zu leicht, wenn man sagt: In der arbeitsteiligen Welt muss sich auch ein Wissenschaftler nur bestimmten Fragen stellen und auf die muss er dann auch Antworten geben; alles andere darf er von sich wegschieben. Das ist nicht der Fall; es gibt viele Tatsachen, die alle betreffen. Wer dies leugnet, hat auch den Geist der alten Aufklärung nicht verstanden.

Fragen sind für lebendiges Wissen immer viel wichtiger als Antworten. Acht Fragen hatte ich mir gestern für ein Gespräch mit meiner Augenärztin aufgeschrieben. Aber sie wollte sie nicht hören; sie fühlte sich nur für Antworten zuständig und die hatte sie sich zurechtgelegt. Man kann nicht bestimmte Zuständigkeitsbereiche abzäunen und erwachsenen Menschen verbieten oder ersparen, offen über sie nachzudenken. Am Rande jeder gefundenen Antwort tauchen neue Fragen auf und zum Teil stellen sie sogar die Antwort wieder infrage. Das zwischen Fragen und Antworten auf sie und wieder neuen Fragen sich entwickelnde Gespräch mehrerer Sachkenner eines Problems ist viel eher Vorbild guter Wissenschaft als der Vortrag oder gar das Lehrbuch eines Dozenten. Sokrates hat es vorgemacht, wie man solche Gespräche so führen kann, dass viele daraus einen Gewinn ziehen; Platon hat es aufgeschrieben. Wir haben wenig daraus gelernt. Der Meister des Fragens wurde damals vor Gericht gestellt und zum Tode verurteilt. Der herrschenden Bildungsschicht, die schon damals auf alles eine Antwort hatte, galt er als Gefahr für die Allgemeinheit. Es sieht fast so aus, als hätte sich seither nicht viel verändert.

P. F. Strawson

Denn wirklich schlimm am Anthropozän ist, was es aus der Philosophie gemacht hat. Gewiss gibt es immer noch verschiedene Philosophien, aber eine beherrscht doch die heutige Wissenskultur:

die Analytische Philosophie. Für mich war Peter Frederick Strawson, der seinen Vornamen immer mit »P. F.« abkürzte, kein herrschender Lehrer, sondern einer, der mein Denken von den Fesseln jener Philosophie befreit hat. Doch richtig verstanden habe ich dies erst spät. Selbst in und mit ihr groß geworden, war er von dieser Philosophie zunehmend enttäuscht. Doch auch bei ihm war dies ein längerer Prozess. Dem entspricht, was er mir damals mit typisch britischem understatement in einer kurzen handschriftlichen Notiz auf Patzigs Aufsatz »Satz und Tatsache« schrieb, der mir sehr gut gefiel und den ich ihm ausgeliehen hatte: *I found the end a little disappointing.* Als ich 1966 nach Oxford kam, war er noch fellow des University College und hatte einen minderen Status als »reader«. Später wurde er Nachfolger auf dem Waynflete-Lehstuhl. Doch ihm ging ein rebellischer Ruf voraus, denn er hatte sich schon mit Bertrand Russell gestritten, auch ein Rebell. Manchmal denke ich, dass Rebellentum zu guten Philosophen gehört.

Schon sein Buch *Individuals* von 1959 hatte er mit provokativem Untertitel einen *Essay in Descriptive Metaphysics* genannt. Für die bloß Klarheit suchenden Analytiker konnte es Metaphysik nicht geben. Eine »deskriptive Metaphysik« war vollends ein Ding der Unmöglichkeit. Doch jene Philosophie, die die Wissenschaftstheorie des Anthropozän entscheidend geprägt hat, war damals schon am Ende, auch wenn viele heute mehr denn je an sie glauben. Sie hat es sich mit allem zu bequem gemacht. Ich lernte das unter anderem in Strawsons Oxforder Kant-Seminar von 1968, für das ich mir das Referat »A sketch of non-empirical linguistics« ausgedacht hatte, aus dem dann meine erste wegen Krankheit unvollendet gebliebene Dissertation wurde. Das dafür nötige Englisch lernte ich übrigens ziemlich schnell; Vokabeln fehlten mir immer.

Ich hatte damals den Eindruck, dass Philosophieren auf Englisch viel einfacher war als auf Deutsch, weil es sich schon aus Sprachgründen verbot, solch ungewöhnliche Wortbildungen zu verwenden, wie man sie hierzulande beispielsweise aus der Heidegger-Schule kennt, mit der ich wegen dieser Vorliebe für vage Ausdrucksweisen nie etwas anfangen konnte. Ich habe mich in diesem Punkt sicher geirrt, denn schon »descriptive metaphysics« war eine für englische Sprachverhältnisse sehr ungewohnte Wortverbindung. Dass man schon aus sprachlichen Gründen auch in Zukunft im Anthropozän leben muss, scheinen zwar viele zu glauben, doch mich hindert es nicht, der wünschenswerten Zukunft den Namen »Gaiazän« zu geben. Damals, in Strawsons Seminar, war ich noch nicht so weit; auch das Anthropozän war noch nicht benannt. Es ging nur um gute Ideen, auf die uns die in England unübliche, nicht sehr einfache Lektüre Kants bringen sollte und auch gebracht hat.

Mir erschien damals eine nichtempirische Linguistik möglich und eine nützliche philosophische Begleitaufgabe neben den empirischen Methoden der Sprachwissenschaft. Angeregt hat mich dazu Kants Apriorismus und Strawsons Interesse an den Grundlagen der zu jener Zeit für Europa immer noch ungewohnten Chomsky-Linguistik. Ich folgte den Basisideen aus den »Individuals« und meinte, daraus eine Sprachtheorie zimmern zu können, die vielleicht als philosophischer Unterbau der Ideen Chomskys dienen könnte. Wie dieser das beurteilen würde oder ob ein solches Unterfangen überhaupt wünschenswert sei, war nicht mein Problem. Ich war begeistert von meiner Idee und es gelang mir auch, dem Oxforder Seminar und seinem Leiter etwas hiervon zu vermitteln.

Mithilfe meines College St. Catherine's gelang es mir, eine an ambitionierten Studentenarbeiten interessierte Nonne zu finden, die eine Schreibmaschine besaß und für wenige englische Pfund bereit war, meine handschriftlichen Notizen auf Papier eines sehr ungewöhnlichen Formats abzuschreiben (DIN gab es in England nicht); ich besitze diese Seiten immer noch. Darüber, wo ich dies, wenn es fertig war, dann als Dissertation einreichen würde, in Oxford oder in Göttingen, machte ich mir vorerst keine Gedanken. Ich lebte voll inmitten meiner sprudelnden Gedanken, vergaß die Zeit und merkte nicht, dass ich darüber krank wurde. Die Nonne hatte mir vielleicht drei oder vier Kapitel meines deutlich länger geplanten Werks abgeliefert, als mich, noch einige Wochen bevor mein England-Stipendium ablief, eine schwere Depression befiel und fast schlagartig arbeitsunfähig machte. So endete die nichtempirische Linguistik, bevor sie recht angefangen hatte, und ich musste schließlich nur mit ein paar komisch-formatigen Schreibmaschinenseiten wieder nach Deutschland zurückkehren.

Heute bin ich sehr skeptisch, ob das Ganze eine gute Idee war. Eine nichtempirische Linguistik interessiert mich nicht mehr, die Linguisten hat sie ohnehin nie interessiert. Selbst bei Humboldt war dies nicht anders gewesen. Doch die Vielfalt der Sprachen im Verein mit der offenbar allen zugrunde liegenden Kompetenz für eine universelle Rationalität ist das, was erklärenswert ist und unseren Wirklichkeitssinn unterfüttert und speist. Dies im Lichte des Medienrummels über philosophische Trends und Moden nicht zu vergessen, ist mir heute als Aufgabe viel wichtiger.

Später, einige Jahre vor Strawsons Tod, haben meine Frau und ich seine Frau und ihn noch einmal besucht. Zu meiner Verwunderung wohnten sie nicht mehr collegenah wie früher in dem alten verwunschenen Backsteinhäuschen unter Bäumen an der Banbury Road, sondern nun draußen am Ortsrand in einem normalen englischen Siedlungshaus. Ich frage ihn nach dem Grund dafür und er erzählte uns eine gute Geschichte: Die Universität Oxford habe nach einem Haus für den neuen Zentralcomputer gesucht und deshalb ihrem Waynflete Professor of Metaphysical Philosophy das seit zweihundert Jahren geltende Vorrecht, dort zu wohnen, gekündigt. »Computer replaces philosopher« soll damals in der Oxford Times als lakonische Schlagzeile gestanden haben.

Ist die Maschinisierung der Wissenschaft noch zu stoppen?

Heute könnte diese Schlagzeile sogar als Überschrift für das ganze Anthropozän stehen. Denn Algorithmen auf der Basis einer digitalen Ja-nein-Logik gelten als das Nonplusultra technologischer Rationalität. Wo sie noch nicht Realität sind, ist alles darauf ausgerichtet, sie zu formulieren. Die Zeiten sind nicht mehr fern, bis man sich ernsthaft fragen muss, ob die Wissenschaft der Zukunft immer noch von Menschen und nicht von Computern gemacht wird. Bei weniger anspruchsvollen Aufgaben ist dies schon heute der Fall. Angefangen hat dies mit menschlichen Hilfskräften, die einfache Maschinen bedienen konnten. Die Wissenschaft ist arbeitsteilig geworden. Das beginnt mit den nichtwissenschaftlichen Mitarbeitern und setzt sich bei den wissenschaftlichen Mitarbeitern fort. Viele wissenschaftliche Aufgaben, die früher eine Person erledigen musste, finden heute auf verschiedenen Ebenen statt, die die Arbeitsteilung erlauben. Maschinen gehören seit langem fest dazu.

Ursprünglich war der Wissenschaftler allein. Er konnte etwas, was seine Mitmenschen nicht oder nicht so gut konnten. Nach Bacon entstanden die ersten Teams, Forschergruppen, die sich die Aufgaben je nach Kompetenz teilten. Mit dem Aufkommen einfacher Technologien gehörten bald auch Rechen- und Schreibmaschinen zu ihnen als Ersatz für menschliche Hilfskräfte. Heute ersetzt der Computer nicht nur die alten Maschinen, sondern auch bereits viele der Hilfskräfte. Doch wir sind schon weiter: Die jetzigen Computer können dem Menschen fast alle mechanischen Schritte abnehmen, die keine kreativen Entscheidungen verlangen. Was genau dazugehört und was nicht, ist oft schwer zu sagen. Deshalb besteht beides nebeneinander: sorgfältigere Forschung, die sich lieber einen Mitarbeiter mehr leistet statt einen zu wenig, doch dafür die Fehlermöglichkeiten in Kauf nimmt, die bei Menschen immer gegeben sind; und vermeintlich sicherere, die dem die angenommene Fehlerfreiheit der Maschine vorzieht, aber dafür die in der herrschenden Wissenskultur ohnehin geringgeschätzte Kreativität opfert, weil sie bei den dafür freigegebenen Schritten angeblich nicht benötigt wird. Irrtümer überall.

Mit Datensammlungen und ihrer Ordnung fängt vieles an; hier ersetzen bereits jetzt Maschinen viele Mitarbeiter und sparen Zeit und Geld ein. Für ihre Bedienung braucht man teilweise noch akademisch trainierte Menschen, weil diese noch entscheiden müssen, mit welchen Daten sie gefüttert werden können und mit welchen nicht. Aber immer mehr werden sie durch nichtwissenschaftliche Mitarbeiter ersetzt, die billiger sind. Es ist durchaus denkbar, dass dies mit besserer Hard- und Software so weitergeht und künftig nicht nur nichtwissenschaftliche, sondern auch wissenschaftliche Hilfskräfte wegfallen können, die heute noch für die scheinbar anspruchsvolleren Arbeitsschritte benötigt werden. Auch diese Grenze ist unscharf.

Doch der ehemals mutig-kluge James Lovelock geht jetzt, wo er die Hundert überschritten hat, noch weiter. Weiter? Nicht eher zurück? In seinem letzten Buch *Novozän. Das Zeitalter der Hyperintelligenz* rechnet er mit dem Totalerfolg der Künstlichen-Intelligenz-Forschung und träumt von der Zeit der »Hyperintelligenz«, in der die Cyborgs die Macht übernommen haben und die Erde endlich retten. Für wen eigentlich? Denn die Menschen mit ihrem beschränkten Verstand haben dann auf diesem Planeten ausgespielt, die Cyborgmaschinen, die alles richtig machen, sollen fortan auch die Wissenschaft konsequenter betreiben, als wir es je getan haben. Seine Zukunftswissenschaft ist nur noch science fiction; ich jedenfalls vermute, dass Lovelock sich irrt, vielleicht eine Alterserscheinung. Man könnte diese Fiktionen vergessen, wenn es gelänge, solchen Phantasien noch rechtzeitig die ökonomische Unterstützung zu entziehen. Doch dies könnte ein Wunsch bleiben.

Unterwandern Scharlatane die Wissenschaft?

Viel schlimmer finde ich aber das, was das Anthropozän schon heute in Wirtschaft und Politik und damit auch in der Wissenschaft anrichtet: nämlich die Wissenskultur so zu beeinflussen, dass viele Menschen nur noch schwer seriöse Wissenschaft und Scharlatanerie unterscheiden können. Ein Wirklichkeitsverlust, den ich für sehr gravierend halte, ist die Tatsache, dass wir die Fehleinschätzung des Wissens als etwas Stabiles und Endgültiges immer mehr verstärkt haben und sie heute so stark geworden ist, dass eine eigene Verschwörungsliteratur entstehen konnte. Sie arbeitet mit für wissenschaftlich gehaltenen Darstellungsmitteln, aber schlechten Argumenten, breitet die angeblichen Fehler der Klimaforscher, der Naturschützer, der Sprach- und Kulturkritiker aus und verwirrt viele Menschen nur, statt sie mit guten Argumenten tatsächlich zu überzeugen. Es genügen Objektivität nur vortäuschende Rituale, welche Argumente abzuwägen scheinen, und eine seriöse Vernunftinstitution nur imitieren, weil kaum jemand den hier nur gespielten Fassadencharakter durchschaut. Ob sie selbst es tut, wird zur Nebensache. Hauptsache ist, dass sie »wissenschaftlich« aussieht und wirkt. Warum können eigentlich Scharlatane die Wissenschaft so leicht unterwandern?

Selten ist der Fall so klar wie der des kürzlich im *Spiegel* bloßgestellten sächsischen Dermatologen, bei dem schon seine Eigenwerbung mit 6.500(!) Fachveröffentlichungen – nicht wenige zu Themen wie angeblichen schwarzen Löchern im Erdkern oder Vögeln ohne Gehirn – den Betrüger erkennen lässt. Solche Scharlatane sind noch gut zu identifizieren, obwohl sie sich gern mit Namen seriöser Forscher umgeben, indem sie diese zitieren und sich fleißig der Stil- und Darstellungsweisen der Anthropozänwissenschaft bedienen. Das ist der gleiche mitunter sehr erfolgreiche Trick, den bisweilen Krankenpfleger oder abgebrochene Medizinstudenten benutzen, um teilweise jahrelang als Ärzte in Kliniken zu praktizieren, bis sie womöglich doch noch auffliegen. Kommerzielle Internetplattformen wie researchgate.net oder academia.edu sind wegen der mangelnden Sorgfalt mancher ihrer Angaben daher nur mit großer Vorsicht zu verwenden.

Doch schon der Fall eines Psychologen, der als Fachschriftsteller und zugleich als Wissenschaftsphilosoph tätig ist, liegt wesentlich komplizierter. Hier ist der Anteil der theoretischen, nicht empirisch überprüfbaren Forschung wesentlich höher, zugleich aber auch das mit einem Philosophen gern verbundene Image des weisen Durchblickers stärker. Hier scheitern auch viele kritische Fachkollegen, die vielleicht Unbehagen empfinden, aber nicht leicht belegen können, dass reine Spekulationen nur Kennzeichen von Scharlatanen sind.

So findet man unter den Autoren der inzwischen reich angewachsenen Anthropozänliteratur scheinbar unterschiedslos alles: den ernsthaften Wissenschaftler und den nur ein aktuelles Reizthema suchenden Bestsellerautor, den seriösen Klimaforscher und den Klimaleugner, den um den Schwund der Biodiversität besorgten ökologischen Naturbiologen und den um neue Technologien besorgten ökonomisch orientierten Laborbiologen, den Alarm schlagenden Kognitiven Linguisten und den nur an Kommunikation oder automatischer Übersetzung interessierten Sprachbeschwichtiger, den die Brüche in ein und derselben lebendigen Kultur aufzeigenden und auf Veränderung drängenden Linkspolitiker und den reaktionären Rechtsausleger, der den ihm als sauber und wertvoll erscheinenden Reinheitsstatus seiner Lieblingskultur erhalten oder endlich herstellen möchte. Sie alle inszenieren sich als »Aufklärer«, und das Ganze wird für die meisten Menschen undurchschaubar.

Für solche schillernden Lehrer ist Wissen identisch mit gefundener und nicht mehr bezweifelter Wahrheit, die sie in Anspruch nehmen. Ihre oszillierende Argumentationsweise spielt mit den Äußerlichkeiten, auf die das Anthropozän Wissenschaft reduziert. Dies ist ein starkes Indiz dafür, dass sie hinzulernen muss. Wo äußere Rituale zum Wesentlichen werden und das vermeintlich Bewiesene angeblich ein für allemal gilt, wird Wissenschaft bequem: nach der uralten und zugleich modernen digitalen Logik. Sie ist kein definitiver Wahrheitstest, wird aber hierfür missbraucht.

Nicht die Unschärfe der Wissenschaftsgrenze ist das Problem, sondern die Leichtigkeit, mit der das Anthropozän es hinnimmt, dass Scharlatane sie ausnützen können und die Wissenschaft insgesamt in Misskredit bringen. Um sie zu retten, müssen wir wohl das Anthropozän beenden. Doch das erfordert eine neue Wissenskultur.

5

Alle sind mitverantwortlich

Über eine zukunftsunfähige Wissenskultur und Stefanie Hermann

Ist das Anthropozän eine Naturkatastrophe?

Viele Beschreiber des Anthropozän sehen nur, was es der Natur antut. Tatsächlich ist dies sehr schlimm. Die Klimakrise steht heute meist stellvertretend für alle anderen. Auch Crutzen hat sich hierauf konzentriert. Doch die besorgniserregenden Schäden, die das Unverständnis dieser natürlichen Schäden an der kulturellen Vielfalt anrichtet, sind ebenso schlimm. Auch Bruno Latour sieht dies so, obwohl auch er das Klimaregime besonders herausstellt. Ich habe sein Denken leider erst spät kennengelernt; an Göttingens Schulen siegte früh die Anglophonie über die Frankophonie. Die kulturellen Schäden sind auch für Latour nicht nur Folgeschäden. Es sind eher die ursächlichen Schäden, denn zum Beispiel der Biodiversitätsverlust ist keine Natur-, sondern eine Kultur-, eine Denkkatastrophe. Wenn »der Mensch« all diese Krisen verursacht, müssen wir mehr über das reden, was uns hierzu treibt. Allein der Sprachenschwund ist ein unersetzlicher Verlust. Die Wissenschaft hat ihn nicht begründet, aber sie setzt ihn fort. Er beraubt sie einer Vielfalt von Erkenntnisalternativen, einer Mitgift der Evolution, die nicht durch künstliche Neuentwicklungen kompensiert werden kann.

Wenn wir heute im *English only*-Wahn glauben, all diese Perspektivenvielfalt nicht nötig zu haben und uns mit der vermeintlichen Überlegenheit unserer parzellierten Wissensfortschritte beruhigen, sitzen wir einem Denkfehler auf. Er hat außer angenehmer Bequemlichkeit für die Gewinner dieser Kultur kein Argument auf seiner Seite. Dass Wissenschaft nicht nur die Aufgabe hat, die Wirklichkeit zu beschreiben und zu erklären, sondern womöglich in erster Linie daran mitwirken muss, sie zu erhalten, ihre schwindende Vielfalt zu retten, wo diese bedroht wird: Dieses ist ein Megadefizit ihres bisherigen Verständnisses. Dieser Verlust allein zeigt, was der die Einfachheit vergötternde Reduktionismus anrichten kann: eine ideologische Verblendung unseres Wirklichkeitskontaktes.

Deshalb ist es auch falsch zu glauben, das Sprachensterben sei ein Schicksal wie eine Naturkatastrophe, die über uns gekommen sei wie eine von uns nicht zu verantwortende Devolution oder eine nicht vom Menschen verursachte Epidemie. Wir haben schon früh nicht begriffen, was Sprachenvielfalt tatsächlich bedeutet, weil auch unsere Vorfahren in ihr vor allem Nachteile gesehen haben. Dass sie uns verschiedene Zugänge zur Wirklichkeit eröffnet, ist aber kein Mangel, sondern die Chance, die Welt unterschiedlich sehen zu können. Ein Mangel ist der Verlust dieser Chance, tatsächlich ein Wirklichkeitsverlust. Es ist dies ein in erster Linie von der Philosophie zu verantwortender Fehler. Vor Wilhelm von Humboldt hat niemand ihn ernsthaft zu korrigieren versucht. Erst im 20. Jahrhundert hat sie die Sprache als wichtiges Thema wiederentdeckt. Das war wohl zu spät. Noch Kant hat darüber nicht nachgedacht, definitiv nichts dazu geschrieben. Der Sucher nach den prinzipiellen Voraussetzungen unseres Erkenntnisvermögens hat die Sprache schlicht übersehen. Setzen die *English only*-Strategen heute noch eins drauf?

Ist Optimismus empfehlenswert?

Die Wissenskultur des Anthropozän ist zukunftsunfähig. Am besten kann sie noch mit der Gegenwart umgehen, denn sie ermöglicht direkte Beobachtung und deren Wertschätzung. Mit der Vergangenheit ist es schon schwierig, denn man ist auf verlässliche Dokumente angewiesen, und die werden rarer, je weiter ein Ereignis zurückliegt. Doch die Zukunft ist die eigentliche Problemzeitstufe der Wissenschaft. Obwohl sie besonders auf ihre Prognosefähigkeit sehr stolz ist und diese gründlich logisch untersucht hat, muss man doch feststellen, dass sehr viele ihrer Prognosen schlecht bis völlig daneben sind. Aufs Ganze gesehen ist die heutige Wissenskultur offensichtlich unfähig, mit der Zukunft verantwortungsvoll umzugehen. Sie überlässt dies den Klimatologen und ist eine so enge Verschwisterung mit einigen mächtigen Nachbarn eingegangen, dass sie sich kaum noch aus eigener Kraft daraus befreien kann. Sie will es auch nicht, denn sie glaubt fest an ihre Sicht auf die Rationalität, die Fortschrittsfähigkeit ihres Wissens.

Der amerikanische Bestsellerautor Steven Pinker verkörpert diesen Optimismus. Er wird nicht müde, uns klarzumachen, dass wir auf gutem Wege sind. Es gibt mittlerweile sogar eine Kurzfassung seines Erfolgsbuches *Enlightenment now!* für vielbeschäftige Leute mit knapper Zeit, »einfach und pragmatisch«. Die Pfadfinder des Silicon Valley und der anderen großen Technologiekonzerne lieben das, denn sie gehen angeblich voran, wir müssen nur noch folgen. Tatsächlich? Wird hier nicht nur bequem gemacht, was größere Differenzierung erfordern würde? Zumindest seit dem Altertum haben wir stets den leichteren Weg gesucht und nicht gemerkt, dass er nicht genau dorthin führt, was eigentlich das Ziel war: Erkenntnis, ein besseres Verständnis der Wirklichkeit. Bekommen haben wir viele Theorien über Wirklichkeitskonstruktionen: Platon, Kant, Maturana und philosophisch den Reduktionismus, der auch wieder das Komplexe vereinfachen und Tatsachen bequemer handhabbar machen soll. Kurz: eine Wissenschaft, die ihr zu komplizierte Wirklichkeit zugunsten eines überschaubaren Modells von ihr austauscht und dann selbst glaubt, diese Manipulation sei ein rationales Verfahren. Nein, Optimismus ist angenehm, für Zukunftssucher empfehlenswert ist er nicht (Pessimismus sicher auch nicht).

Ich erzähle von einer Frau, die ihren eigenen Weg gehen wollte.

Stefanie Hermann

Meine letzte Doktorandin Stefanie Hermann war erst 39, als sie 2017 an Krebs starb. Etwa ein halbes Jahr vor ihrem Tod hat sie mir Folgendes geschrieben:

> *Ja, ich wollte auch gern an der Universität als Wissenschaftlerin weiterarbeiten. Aber Sie wussten im Grunde schon lange, dass ich Ihnen absagen musste. Nicht wegen der Krankheit; die hoffe ich zu besiegen. Sondern weil ich eine kritische Wissenschaftsjournalistin werden wollte. Universitätsleute kommen mir vor, als lebten sie auf isolierten Inseln inmitten des Lebens auf der Erde, zu dem sie kaum Kontakt bekommen. Sie sorgen sich um ihre Fachkarrieren und kämpfen gegeneinander um Gelder. Meist Männer, die wenigen Frauen tun es ihnen nach. Als ob es in der Wissenschaft darum ginge! Doch um was geht es dort eigentlich? Nur ums Beschreiben, Erklären und Anwenden? Nein, es wird immer deutlicher, dass es etwas anderes gibt, was viel grundlegender ist: die Erhaltung des Erhaltenswerten. Es geht um die Wirklichkeit. Sie ist nichts Selbstverständliches, sie ist nicht einfach »da«, sondern wir müssen uns um sie bemühen.*

Es fehlen gute, kritische Vermittler, die zusammenbringen, was sich nicht noch weiter entfremden darf: Wissen und Handeln, Zivilgesellschaft und Berufswissenschaft. Die meisten Wissenschaftsjournalisten sind heute nichts als Reporter, erstatten vermeintlich wertfrei Bericht über alles, was sie besonders beeindruckt. Sie denken nicht unabhängig, sind nicht wenn erforderlich unbequem, sondern hängen an den Lippen jeglicher Forschung, besonders der teuren Großforschung. Für sie sind die USA und China die heutigen Führungsnationen bei Wissen und Fortschritt. Innovation verzaubert sie. So ändert sich nie etwas an diesem schrecklichen Anthropozän! Dabei wäre es die moralische Pflicht dieser Journalisten, Wissenschaft immer kritisch zu begleiten und zu schildern, wem sie viel zu oft dient: den Vorurteilen von Individuen, Unternehmen und Staaten, die sich selbst als die Spitze der Vernunft missverstehen, nicht den Interessen der ganzen, in reich und arm, entwickelt und unterentwickelt zerrissenen kranken Erde. (…)

Es waren Folgerungen aus den Gedanken meiner eigenen Vorlesungen, die ich hier las; sie waren mir nicht neu. Stefanie ging nie den bequemen Weg, auch bei ihrer Krankheit nicht. Sie ging nicht darin auf, dieses Katastrophenzeitalter möglichst exakt zu beschreiben, sondern sie dachte weiter: Was liegt ihm zugrunde und vor allem: Wie kommen wir aus diesem Teufelskreis von mit Wirklichkeitsfetzen gemixter Einbildung wieder heraus? Ich ertappe mich immer wieder dabei, dass ich fiktive Dialoge mit Stefanie führe, die nun schon einige Jahre tot ist. Wir waren oft nicht einer Meinung, aber fanden beide genau dies als belebend und weiterführend.

Stefanie war Naturwissenschaftlerin geworden. Sie hatte Physik und Biologie studiert, ich Sprachen und Philosophie. Deshalb war sie näher am Anthropozän dran, als Paul Crutzen es einführte: als Erdzeitalter; ich benötigte den Umweg über meine Liebhaberei, die Vogelkunde. Mir machte Stefanie klar, dass es weniger wichtig war, darüber wie Platon nachzusinnen, ob es vielleicht hinter dem, was wir als wirklich erleben, noch eine »wirklichere Wirklichkeit« gibt, als vielmehr darüber, wie wir die evolutionär entstandene Vielfalt, die in Natur und Kultur bedroht war, erhalten können. Ich engagierte mich schon lange ehrenamtlich im Naturschutz; jetzt lernte ich noch besser, warum. Wir ergänzten uns gut mit den verschiedenen Hintergründen, die wir hatten – ein Beispiel für die Wichtigkeit von Ausgleichsbemühungen bei Einseitigkeiten und Fehlentwicklungen, die sich in Monokulturen leicht einstellen. Und das Anthropozän ist eine solche auf sträfliche Vereinfachungen gegründete und nach technologischer Bequemlichkeit für eine selbsternannte Wissenselite suchende Monokultur. Kurz: eine Ideologie. An erkannten Ideologien weiter festzuhalten ist nichts als Dummheit, es sei denn, etwas beherrscht uns, das uns die Freiheit nimmt, dazuzulernen. Wenn es das gäbe, wäre es eine weitere Ideologie.

Sind Ungleichgewichtsausgleiche mehr als Metaphern?

Auch ich hatte angesichts meiner Ausbildung Schwierigkeiten zu begreifen, welchen wissenschaftlichen Wert ausgleichende Denkbewegungen haben sollen, weil alles auf die binären Koordinaten von Wahrheit oder Falschheit ausgerichtet war. Hegel kam zu meiner Studienzeit nur in Heidelberg, aber weder in Göttingen noch in Oxford vor, dort allenfalls als Vorbild, wie man es nicht machen sollte. Hierfür liefert er tatsächlich manche Beispiele. Poppers bestes Buch, »The Open Society and its Enemies«, zitiert diese als Philosophenfehler. Den preußischen Staat für die Verkörperung des Weltgeistes zu halten, ist schon eine grandiose

Dummheit. Doch er hatte auch gute Ideen. Es kommt nicht von ungefähr, dass Marx ihn vom Kopf auf die Füße stellen wollte. Zwar sind Synthesen oft faktisch nicht erreichbar, aber das Bestreben, den viel zu simplen Wahr-falsch-Gegensatz durch ein wirklichkeitsnäheres, Extreme ausgleichendes Denken zu ergänzen, womöglich zu ersetzen, ist ein vernünftiger Schritt hin zur universalen Rationalität.

Stefanie war zwar in ihrer physikalischen Ausbildung ebenfalls auf das Wahr-falsch-Schema geeicht worden, doch die Lektion der Quantenphysik nahm diesem schon die digitale Ja-nein-Schärfe, die einige ihrer naturwissenschaftlichen Lehrer mit ihren Exaktheitsvorstellungen noch mitbrachten. Es war zweifellos gut, dass es ausgerechnet die Physiker waren, denen dieses Umdenken im letzten Jahrhundert abverlangt wurde. Auch in Teilen der Biologie war es schon damals anders. Das Aufeinanderangewiesensein von Räubern und Beutetieren war dort seit langem bekannt; beide sind zu einem sich ausgleichenden Gegenüber miteinander verkoppelt. Auch das jedes ungestörte Ökosystem charakterisierende Miteinander von Produzenten, Konsumenten und Destruenten ist ein Beispiel für die Rationalität der Natur. Es ist kein stabiles Gleichgewicht, sondern ein vor der Realität umspieltes instabiles. Wir hätten es in der Kultur erben können. Dagegen stand aber auch in der Biologie zum Beispiel mit der Genetik die weiter festgehaltene »klassische« naturwissenschaftliche Ideologie der Exaktheit; kein Wunder, dass diese sich heute mit ihrer Ökonomienähe wieder durchzusetzen versucht. Falsch bleibt sie, obwohl sie angeblich die Asymptote der Wahrheit zur Leitschnur nimmt. Tatsächlich ist es die Fiktion der Gewissheit, an der sie sich orientiert. Medien, die Ausgewogenheit tatsächlich praktizieren, sind nur noch langweilig. Asymptoten anzustreben ist aber klug.

Auch Stefanie hatte sich, wie Carl-Friedrich von Weizsäcker und andere Physiker, für ausgleichende asiatische Formen des

Denkens und Handelns interessiert – das schicksalsergebene Inschallah der Araber (nicht das aggressive *laissez-faire* des Wirtschaftsliberalismus, sondern die den Menschenverstand zurücknehmende Bescheidenheit vernünftiger Muslime), den edlen achtfachen Pfad des indischen Gautama Buddha, die fünf ethischen Konstanten des chinesischen Konfuzianismus oder das Licht-Schatten-Wechselspiel des Daoismus (Yin und Yang). Sie alle sind nicht bei der simplen Wahr-falsch-Digitalität als Lösung gelandet, mit der die europäische Aufklärung die ganze Rationalität zu erklären meinte, obwohl sie einen Großteil der irdischen Kulturen gar nicht kannte, nicht ernst nahm, ja gar nicht kennenlernen wollte. Ihr Vorurteil stand lange fest: Europa kann es besser. Heute müssen wir diesen Irrtum korrigieren und von denen lernen, die wir bisher durch Ignoranz oder Vorurteil verachtet haben. Ein chinesischer Philosoph wie Zhao Tingyang hat versucht, den gleichen Fehler wie wir nicht zu machen.

Zusammen waren wir ein gutes Team und ich freute mich darauf, mit Stefanie gemeinsam einiges zu publizieren, was die verbreitete Abneigung der westlichen Zivilisation gegen das östliche Ausgleichsdenken aufs Korn nehmen sollte, weil wir glaubten zeigen zu können, wie Natur und Kultur heute aufeinander angewiesen sind. Deshalb wollte ich sie für eine Promotion gewinnen, was mir auch noch gelang. Doch zu dieser kam es nicht mehr. Der oben zitierte Brief zeigte mir, dass sie sich anders entschieden hatte, und auch für diese Entscheidung konnte ich Verständnis aufbringen. Gute Wissenschaftsjournalisten besetzen tatsächlich eine Schlüsselstelle zwischen Wissenschaft und ihrer Umwelt. Sie können etwas zu beider Wohl tun. Nicht verstanden habe ich deshalb, warum ausgerechnet sie vorher sterben musste, bevor sie ihre Ideen verwirklichen konnte.

Gibt es harmlose Wissenschaften?

Heute, wo die Einheit der Wissenschaften seit langem verloren ist – vielleicht noch ein Wunsch mancher, sicherlich nicht aller Wissenschaftler –, gibt es eine typisch anthropozentrische Tendenz, einige heilig- und andere schuldig zu sprechen. Es ist das alte digitale Denken, das auch hier durchschlägt. Auch hier ist es falsch. Alle sind vom Katastrophenzeitalter Anthropozän affiziert und mitschuldig, wenn auch unterschiedlich. Sicherlich ist Differenzierung angesagt. Nicht die Naturwissenschaften trifft eine Alleinschuld oder gar die Wirtschaftswissenschaften, die zweifellos viele einflussreich falsche Lehren verkündet haben und immer noch verkünden. Sozial- und auch Geisteswissenschaften wirken zum Beispiel auch mit, wenn es um die Unterschätzung der Erhaltungsaufgabe als wissenschaftliche Zielstellung geht. Auch Crutzen, der den Ideologiecharakter dieses Erdzeitalters nicht erkannt hat, kommt sich zu wichtig vor, wenn er darüber jammert, dass die »Humanities« bisher nicht so mitziehen, wie es nötig wäre.

Und doch hat er Recht: Auch diese haben sich mitschuldig gemacht durch Überheblichkeit und Rückzug aus der Mitverantwortung. Nicht nur unter Naturwissenschaftlern, auch in Linguistik und Literaturwissenschaft habe ich Kollegen gehabt, die so meilenweit über dem armen Vogelbeobachter zu stehen meinten, dass dieser sich selbst schon fast minderwertig vorkam. Sie lebten wie auf einer ästhetischen Intensivstation, die den normalen Alltag weit hinter sich gelassen hatte. Es gibt sie noch immer. Sie brauchen und kräftigen wie über korrespondierende Röhren die Ähnlichdenker im Feuilletonjournalismus und in den Kunstszenen, die die Illusion verbreiten, es gebe ein wahres Leben jenseits des Alltags. Während manche Naturwissenschaftler die Erforschung der kulturellen Welt kaum ernstnehmen, ignorieren ihre dortigen Widerparts die Naturkrisen und sehen nur die Kulturkrisen, als ob diese mit jenen nicht verkoppelt wären. Aber sonst können auch sie äußerst beredt über das Anthropozän jammern. Ein Teil der angeschwollenen Anthropozänliteratur versucht diese ästhetische Wiederbelebung nach dem bequemen Motto: Wir sind zwar nicht schuld, aber auch wir halten brav dagegen!

Wirklich? Gibt es die harmlosen Wissensfelder, die unbeteiligt sind am Drama des Anthropozän? Nein, es gibt sie nicht. Die überwältigende Mehrheit der Sprachwissenschaftler sah und sieht dem Sprachenschwund zu, als ob es ein fernes Spektakel wäre, das sie selbst kaum betrifft. Ähnliches gilt für Literaturwissenschaftler, die sich in alte oder neue Literatur versenken, als ob diese nichts mit den Überlebensproblemen der Erde zu tun hätte. Es gilt für gegenwartsentrückte Historiker, theorieversunkene Psychologen, technikverliebte Informatiker oder über allem schwebende Philosophen. Natürlich enthebt bei einer alle betreffenden Krise auch Nichtstun nicht von der Mitverantwortlichkeit, wenn auch hier Differenzierung erforderlich ist. Es gibt stärkere, thematisch direktere Bezüge der Betroffenheit und damit auch der Mitverantwortung und weniger direkte. Nichtbetroffen aber ist niemand, auch keine wissenschaftliche Disziplin.

Wer nach Exempeln sucht, die die Mitverantwortung einzelner Wissenschaften für dieses Gegenwartszeitalter thematisieren, stößt dabei also sicher auf die Ökonomik, aber nicht zuletzt auch auf das Beispiel der Soziologie. Diese stellt sich gern als eine bessere, zeitgemäßere Form der Philosophie dar, die auch empirische Daten ernst nimmt und lange Zeit »die Moderne« und ihre Abdankung für einen Schlüsselbegriff hielt. Dennoch überwiegen die Spekulationen in Begriffswelten die zukunftsgerichteten Ideen bei weitem: der Utopienliebhaber Habermas vermisste lange in seinen früheren Schriften den Konsens beim Kommunizieren, sein Abstraktionen aufschichtender Theorieantipode Luhmann die Einsicht in die konstruktive Struktur der autopoietischen Systeme. Der wohl tatsächlich wirklichkeitsnäher argumentierende Rosa beschwört das Bewusstsein der Resonanz als Allheilmittel, der Singularitätstheoretiker Reckwitz sieht die Moderne in ihren Krisen untergehen und der Diagnostiker einer überforderten Gesellschaft Nassehi artikuliert seit neuestem ganz allgemein nur sein Unbehagen über den Gang der Dinge.

Das alles ist kein konstruktiver Vorschlag, wie man den selbstmörderischen Weg, den die Menschheit mithilfe einer überforderten Wissenskultur eingeschlagen hat, auf einen neuen, zukunftsorientierten Pfad umleiten könnte. Es ist wirklichkeitsfremder Theoriesprech, der in der anthropozentrischen Wissenskultur festklebt.

Fast getroffen oder auch daneben?

Man könnte auf die Idee kommen, dass vielleicht doch die scheinbar harmlose Geschichtswissenschaft weiterhilft? Wer da zum Problem des Anthropozän Weiterführendes sucht, stößt unweigerlich auf ein von dem deutschen Wissenschaftshistoriker Jürgen Renn zeitgemäß auf Englisch verfasstes und anspruchsvoll bei Princeton University Press 2020 erschienenes 560 Seiten starkes Buch, hinter dem eine vielköpfige Forschergruppe steht, die ein Vierteljahrhundert lang am deutschen Max-Planck-Institut für Wissenschaftsgeschichte finanziert worden ist. Das Buch heißt *The Evolution of Knowledge. Rethinking Science for the Anthropocene.*

Der Untertitel lässt den Wissenschaftskritiker tatsächlich aufhorchen. Doch wer jetzt darauf gespannt ist, wie Wissenschaft hier neu gedacht wird, wird schnell enttäuscht. Rethinking, neues Denken? Fehlanzeige. Weder »change of science«, noch »nonbinary logics«, noch »language diversity«, »ethics« oder »scientific philosophy« tauchen im umfangreichen Stichwortverzeichnis auf und auch die Lektüre des ganzen Bandes enthüllt keine überraschenden Denkresultate zum Wissenschaftsverständnis. Es werden einige bisher übersehene Fakten der Wissensgeschichte ans Tageslicht befördert, das ist alles; am heute in Princeton oder Berlin geltenden Wissenschaftsverständnis will man überhaupt nichts ändern. Man folgt ihm und ist eher stolz darauf. Der Umschlag versammelt einige Lobeshymnen aus Rezensionen der bescheiden gewordenen Anthropozänwissenschaft. Nein, »rethinking science« ist für dieses Buch eindeutig ein irreführendes, zu großes Wort.

Über knowledge wird in ihm viel gesprochen, gewiss ein Grundstoff der Wissenschaft, aber hier wird Wissen als vermeintlich allgemein akzeptierte und in seiner Bedeutung heute nicht mehr unklare Errungenschaft behandelt, die endlich das bloße Glauben an Überlieferungen überflüssig gemacht habe. Renn folgt dem herrschenden Wissensverständnis, das irgendwie als »richtig« unterstellt wird. Unter den neuen dort mitgeteilten Einsichten zur Geschichte der Wissenschaft ist keine, die den Anspruch stellen könnte, ihr heute für gültig erachtetes Selbstbild infrage zu stellen. Seine Qualität wird nicht untersucht. Den Begriff einer sich wandelnden Wissenskultur gibt es dort nicht und die kritische Reflexion auf das heutige Wissenschaftsverständnis schon gar nicht. Es kann keine Rede davon sein, dass hier Wissenschaft neu gedacht würde. Selten wird ihre heutige Unfreiheit so deutlich wie hier.

Spätestens jetzt fällt auf, dass schon der Untertitel des Buches, dessen Beginn so anspruchsvoll klang, am Ende den Anspruch selbst wieder zurücknahm, indem er mitteilte, dass dies alles nur dem Ziel dienen solle, unser Wissen über Wissenschaft endlich dem Anthropozän anzupassen. Publikationssprache (English only) und -ort (Princeton) hatten dies bereits getan. Der langmütige Finanzgeber (die MPG) hätte anderes ebenfalls kaum so lange mitgemacht. Auch aus weiteren Abhandlungen Renns geht das Anthropozän als der nie hinterfragte Rahmen hervor, in den sich das Erforschte einfügen soll. Warum eigentlich? Sogar das übliche Klagen über dieses Zeitalter findet sich bei ihm wieder. Aber die Einsichten, dass dies vor allem ein Irrtum ist, den man beenden sollte, und die Wissenschaft bei ihrer Herbeiführung maßgeblich mitgewirkt hat, fehlen. Hier fallen zu große Worte, es geht um exemplarische Produkte der an Wirklichkeitsverlust leidenden Ideologie des Anthropozän.

Sehr bemerkenswert anders ist Habermas' jüngste Einsicht, dass heute das Verhältnis von Glauben und Wissen im globalen Maßstab neu verhandelt werden müsse. Er war Weizsäckers Direktorenkollege am Starnberger Institut gewesen. Jetzt erkennt auch er, dass in der Missachtung des Orients durch den Okzident eine Wurzel der gegenwärtigen Misere liegt. Er behandelt dies in seinem umfangreichen jüngsten Buch »Auch eine Geschichte der Philosophie« (2019), also als philosophische Einsicht. Dies geht deutlich über das hinaus, was im Anthropozän für selbstverständlich gehalten wird. Es ist auch ein Nebenthema des vorliegenden Buches. Der Philosophie kommt eine Schlüsselaufgabe zu.

Horizonte

Über die Philosophie

Gönnen wir uns zwischen den beiden Buchteilen eine Auszeit des Nachdenkens. Horizonte sind Grenzen, die wie Linien aussehen, aber keine sind. Oder ist es umgekehrt, Linien, die wie Grenzen aussehen? Sie sind immer subjektiv. Hinter jedem Horizont ist die Welt nicht zu Ende. Wissen wir das auch oder glauben wir es nur? Die Allgegenwart des Anthropozän ist so unerbittlich, dass wir uns nicht genug gegen seine pseudoobjektiven Grenzlinien wehren können. Statt die Subjektivität vieler unserer Horizonte zu erkennen und unseren Standpunkt zu verändern, halten wir sie für objektiv gegeben und weigern uns, dazuzulernen und umzudenken.

Das alte Europa hat eine Wissenschaft hervorgebracht, die in ihrer Frühzeit anders war als heute, aber wir denken nicht ernsthaft darüber nach. Diese Wissenschaft hat sich dann mehrfach gewandelt, wir ignorieren auch das. Zuletzt hat sie das jetzige Zeitalter mitgeschaffen und hält es bisher stabil, allen Ideologien zum Trotz. Weil wir es prägen, finden wir es richtig benannt und fortschrittlich. Dies liegt auch an der Tatsache, dass das Anthropozän verantwortungslos ist: Es lässt alles als Wissen zu, was sein Utilitarismus möglich macht. Es hat in all seiner moralischen Orientierungslosigkeit zwar sogar Instrumente entwickelt, die dabei eingesetzt werden könnten, das Anthropozän zu stoppen: die Wahrscheinlichkeitsrechnung, die Quantenphysik, die Ökologie, die Nachhaltigkeitsforschung, die allgemeine und vergleichende Linguistik, den Naturschutz, vergleichende kritische Kulturforschung und manches mehr. Doch sie scheinen alle miteinander zu schwach zu sein, um das anthropozentrische Geschehen, den geistlosen eingebildeten Fortschrittstaumel, zu beenden. Kein Wunder: Die herrschende Philosophie, eigentlich die Wegbereiterin des Neuen und Anwältin der Vernunft und der Zukunft, hat sich voll auf diese Wissenschaft eingelassen: die Wissenschaft des Anthropozän!

Ich habe Jahrzehnte gebraucht, um dies als Irrtum zu erkennen. So glaubwürdig ist er mir von meinem Hauptlehrer in Philosophie, Günther Patzig, vermittelt worden. Ich habe Glück gehabt, dass er mich in das heutige Wissenschaftsverständnis eingeführt hat, denn nichts war ihm so wichtig wie Klarheit. In Oxford ging ich regelmäßig zu Thornton's Antiquariat in der Broad Street, denn dort versilberten viele Studenten nach dem Examen ihre Bücher für ein paar Pfund. Dort fand ich dann auch das Buch *Clarity is not enough*. Als ich es las, dämmerte mir zwar, dass gute Philosophie mehr braucht als Klarheit, aber ich bin noch heute froh, dass ich keine Lehrer hatte, die ihr deshalb das dunkle, vielsagend raunende Wort vorzogen. Die Lektüre Freges war eine gute Propädeutik für alles, was folgte; mehr aber auch nicht. Klarheit ist notwendig, hinreichend ist sie nicht. Sie beseitigt nicht die alten Vielfaltslücken, erzeugt keine Kreativität für die nötige Zukunftsfähigkeit. Die Philosophie muss die Wissenschaft zu neuen Ufern führen und nicht bloß den status quo beschreiben und erklären. Das sortiert unsere Begriffe, aber es unterfordert die Phantasie. Wir brauchen sie für die transkulturelle Rationalität. Der Horizont der Analytischen Philosophie war als Denkschule gut, aber letztlich ist er zu eng, zu starr, zu wenig zukunftsbezogen. Er stabilisiert das Anthropozän.

Lange fand ich dennoch Patzigs Definition der Philosophie unübertroffen. Sie lautet: *Philosophie ist die Reflexion genau dessen, was in jeder anderen als der philosophischen Einstellung für selbstverständlich genommen werden muss.* Irgendwann fiel mir dann auf, dass es zu meinem Verständnis von Rationalität gehört, nie etwas für selbstverständlich zu halten. Von diesem Zeitpunkt an gefiel mir die viel kürzere Weizsäckersche Definition besser, die schlicht lautet: *Philosophie heißt weiterdenken.*

Welche Rolle spielt die Analytische Philosophie?

Wenn eines der vielen heutigen Fächer eine Schlüsselrolle hierbei spielt, ist dies noch vor Physik und Ökonomik die anscheinend so harmlos daherkommende Philosophie. Ich belege das hier am Beispiel einer einzigen Person, des Österreichers Wolfgang Stegmüller. Es gibt zweifellos originellere Philosophen als ihn, der vor allem ein sprachgewandter Reporter der Gedanken anderer war. Der zunächst als Ökonom ausgebildete Tiroler Stegmüller war einer der klügsten Interpreten von Philosophen, die im letzten Jahrhundert die anthropozentrische Philosophie vorangetrieben haben. Zu seiner Zeit besetzte er in München lange einen der einflussreichsten Lehrstühle seiner Disziplin. Er lehrte und schrieb übrigens zumeist noch nicht auf Englisch.

Sein erstes Hauptwerk, die im Laufe mehrerer Auflagen von einem auf vier Bände angewachsene Reihe »Hauptströmungen der Gegenwartsphilosophie« öffnete für den durch die Hitlerideologie dumm gehaltenen deutschen Sprachraum die große philosophische Welt neu, die unter weitgehendem Ausschluss des frankophonen Kulturraums eine englischsprachig-nordamerikanische geworden war: eine wichtige Bildungsleistung. Doch schon in den »Hauptströmungen« entwickelte sich im Laufe der Auflagen der klare Schwerpunkt bei der analytisch-wissenschaftsnahen Philosophie. Sein zweites, noch größeres Hauptwerk, die vielbändige, ja monumentale Reihe »Probleme und Resultate der Analytischen Philosophie und Wissenschaftstheorie«, wurde ganz davon bestimmt. Beides hat Horizonte gesetzt, die für viele Wissenschaftler verbindliche Grenzlinien zogen.

Dieses Werk wirkte faktisch wie die aktualisierte Fassung eines »Neuen Organons«, nicht wie das Baconsche Original offen normativ und schnörkellos eindeutig, sondern in seiner logisch und ethisch begrenzten Vielfalt zeitgemäß rekonstruktiv und reduktionistisch. Es schränkt den wissenschaftlichen Horizont des Anthropozän auf das Maß ein, das die Analytische Philosophie und ihre Logik und Wissenschaftstheorie für rational hält. Dass es auf Deutsch erschienen ist und nicht auf Englisch, ist noch nicht einmal ein Schönheitsfehler, denn viele der Originalarbeiten, die Stegmüller im Wesentlichen nur referiert und paraphrasiert, sind zuvor ohnehin bereits in der heute faktisch einzigen Wissenschaftssprache erschienen. Die »peers« der führenden Universitäten, Journale und Verlage in allen Ländern, vor allem aber in den USA, lassen sich von diesem Horizont leiten; Princeton University Press, wo der Berliner Jürgen Renn publiziert hat, gewiss. Er begrenzt ihre Idee von guter Wissenschaft. Sie brauchen dazu nicht Stegmüller (wie wir Mitteleuropäer ihn nach der Hitlerzeit für die Wiederverbindung mit der restlichen Erde brauchten). Doch sie bestimmen auf diese Weise zusammen mit ihren weitverzweigt in Politik, Wirtschaft und Journalismus tätigen Schülern entscheidend mit, wohin die weitere Reise der Wissenschaft gehen soll. Es ist eine merkwürdige Reise, denn sie ist ein Stillstand: eine Apotheose des Fortschritts ohne Bewegung.

Das erste 1954 erschienene Buch Stegmüllers war noch anders. Es enthält noch kreative, originelle eigene Argumente. Es endet mit einem Lob der Skepsis. Aus meiner jetzigen Sicht ist dies voll berechtigt. Sein markiger Schlusssatz lautet jedoch: »*Wo das Wort versagt, schreitet Entscheidung zu schlichter Tat.*« Hier deutet sich an, dass sich der Autor anders entscheiden wird: nicht für den Mut, die Skepsis auf Dauer auszuhalten. Er entschied sich aus Angst vor dem Relativismus für die digitale mathematische Logik und die Analytische Wissensphilosophie.

Die Reduktion der für rational gehaltenen Philosophie auf das binär-logisch Zulässige mitsamt der mitgelieferten Ausblendung aller Denk- und Sehalternativen, das für selbstverständlich genommene Fehlen jedes weiblichen oder gar indigenen Horizontes, jedes zivilen Ungehorsams und das Nichtverstehen jeder ketzerischen Aufmüpfigkeit ist eine Vorwegnahme der heute verheißenen Großartigkeit einer technologisch digitalen Weltsicht. Das Komplexe auf eine bequeme einfache Formel zu reduzieren ist immer ein sicherer Weg zur Zustimmung der Mehrheiten. Hier grenzt Popularität an Populismus. Es erklärt den Erfolg Stegmüllers und den der anthropozentrischen Wissenskultur. Es ist mit seiner kreativen Leere aber auch der philosophische Beleg dafür, dass das Anthropozän am Ende ist. Freilich wissen wir, dass man auch halbtot noch lange leben kann. Wir müssen einen wirklich weiteren Horizont in den Blick nehmen, um diesen Zustand zu beenden.

Ist die »Wissenschaftskommunikation« dieser rettende neue Horizont?

Oberflächlich gesehen sieht es so aus, als habe das Anthropozän selbst sein Problem erkannt. Ihm ist inzwischen fast überall etwas aufgefallen, was es bisher nicht genug beachtet hat: die Tatsache nämlich, dass Wissenschaftler nicht nur von anderen Wissenschaftlern umgeben sind, sondern von den ganzen Zivilgesellschaften ihrer Länder. Diese müssen wenigstens im Grundsatz verstehen können, worum es geht. Meist wird der Horizont viel enger gezogen: Er umfasst nur die eigenen Fachkollegen. Die Spezialisten für andere Themen schließt er schon aus. Doch eigentlich müssten alle bei wichtigen Entscheidungen mitreden können, auch die davon mitbetroffene Zivilgesellschaft. Es reicht jedenfalls nicht, einfach nur Fachsprache zu sprechen. Man muss das, woran man glaubt und was man zu tun beabsichtigt, auch verständlich kommunizieren können. So weit war es also mit philosophischer

Bequemlichkeit und institutioneller Abgehobenheit der Profis schon gekommen, dass sie fachfremde Personen gar nicht mehr als Partner wahrnahmen, selbst wenn diese Wissenschaftler waren.

In den meisten Ländern, an den meisten Universitäten hat sich deshalb heute die Einsicht durchgesetzt, dass man hierauf in der hochspezialisierten Gegenwartswissenschaft bisher zu wenig geachtet hat. Von den Orten, an denen ich studiert habe, ist das in Oxford besonders frühzeitig erkannt worden. Doch nicht in erster Linie deshalb, weil es von den Philosophen oder Linguisten angestoßen worden wäre (das auch), sondern weil man einen Biologen hatte, der daraus für seine Ideen über die Rolle der Gene in der Evolution in seinen Büchern scheinbar schon selbst die richtigen Schlüsse zog: Richard Dawkins. Man topfte ihn kurzerhand um auf einen neugeschaffenen Lehrstuhl für »Public understanding of science«, den er bis 2008 innehatte. Er war von dem Milliardär Charles Simonyi für Dawkins persönlich gestiftet worden. 2013 wählte eine britisch-nordamerikanische Jury diesen zum weltweit wichtigsten Denker. Schon hier mischte sich das berechtigte Bedürfnis nach Verstehen und Verständlichkeit mit einem fragwürdigen populär-populistischen Akzent. Inzwischen schälte sich noch ein weiterer Schwerpunkt Dawkins' bei seiner genetischen Uminterpretation der Darwinschen Evolutionslehre heraus: der Kampf gegen die Religion. Sie wurde für ihn zunehmend *d i e* institutionalisierte Irrationalität. Diesen Kampf hat er mit solch fast religiöser Vehemenz geführt, dass dies zuletzt auch für viele Kollegen untragbar wurde.

An der Ruperta-Carola in Heidelberg wurde erst Ende 2018 die ebenfalls privatfinanzierte Springer-Nature-Gastprofessur für Wissenschaftskommunikation gestiftet. Als Ersten berief man den Astrophysiker und ehemaligen *Nature*-Herausgeber Sir Philip Campbell für ein Jahr an das im Zusammenhang mit der laufenden Exzellenzinitiative federführende Marsilius-Kolleg, um die Nachwuchswissenschaftler in verbesserter Kommunikationsfähigkeit zu schulen. Dass hierbei und bei seinen Nachfolgern nicht philosophische Skepsis leitend war, sondern die Anschlussfähigkeit an die übrigen, ökonomisch geprägten Kräfte und Tendenzen der Gegenwart, liegt auf der Hand. An meiner Georgia-Augusta-Heimatuniversität Göttingen, wo man immer stolz auf ihre Gründung im Geiste der Aufklärung gewesen war, setzte sich nach internem Streit erst 2021 der Physiker Metin Tolan als Präsident durch, der bereits 2013 für seine flotten science-slams mit dem Communicator-Preis ausgezeichnet worden war. Auch hier zeigt sich, dass das Anthropozän zur Bequemlösung seiner Probleme neigt: diesmal Wissenschaft durch Unterhaltung populärer zu machen. »*Wie hat Ihnen das Anthropozän bisher gefallen?*« fragt John Green, sein heiterer Bestseller wird überall bejubelt. Nichts gegen bewusst kommunizierte oder heiter vorgetragene Wissenschaft! Warum sind wir denn damals alle so gern in Gilbert Ryles Vorlesungen gegangen?! Aber Unterhaltung repariert keine alten Fehler der Wissenskultur, sie kaschiert sie eher, macht sie schwerer erkennbar.

Jener Preis wurde im Jahr 2000 zum ersten Mal von der Deutschen Forschungsgemeinschaft vergeben und zeigt, dass auch seine Stifterin hierin einen maßgeblichen Fortschritt für die deutsche Wissenschaft sah und sieht. Dass sie sich dabei auch immer mehr dem internationalen Trend anschloss, Wichtiges nur noch auf Englisch auszudrücken, war für die DFG offenbar kein Grund zur Besorgnis; man macht hierbei gern unter dem Signum »Internationalität« mit. Der nach verbreitetem Medienurteil erfolgreichste deutsche Universitätspräsident, der niederbayerische Chemiker Wolfgang Hermann, der langjährig die Technische Universität München führte und dort wie kein anderer den US-fixierten Slogan »English only« als Ausdruck seines Bemühens um einen internationalen Horizont zu realisieren versuchte, darf dies heute nach dem Willen des CSU-Ministerpräsidenten Markus Söder als Gründungspräsident an der neuen TU Nürnberg fortsetzen. Nürnberg hat womöglich nicht zuletzt deshalb den auf die Förderung der kulturellen Vielfalt gerichteten Wettbewerb um die Kulturhauptstadt Europas 2025 verloren.

In anderen Ländern sieht es ähnlich aus. Nein, das Anthropozän kann mit geschickterer Kommunikation und kabarettistischen Kabinettstückchen nicht über seine bequem gewordenen philosophischen Schatten springen; die sind zu tief und zu lang. Sie begleiten es weiter. Es perfektioniert seine eigene, überholte Wissenskultur dadurch, dass es sie vermeintlich geschickter kommuniziert; die Vermeidung der Landessprache ist freilich eher ungeschickt. Es vermeidet vor allem, über philosophische Horizonte nachzudenken, es unterlässt überhaupt das Weiterdenken. Das ist keine neue Aufklärung und führt nicht zur Wiedergeburt der verlorenen Hoffnungsträgerin. Doch darum geht es. Deshalb wendet sich der zweite Teil meines Buches jetzt der Zukunft und der Frage zu, warum der nötige Wandel unserer Ideologien so schwierig ist.

Die zweiten fünf Kapitel dieses Buches sind der Zukunft gewidmet. In ihr entscheidet sich, ob das Leben auf der Erde eine kurze Episode bleibt, weil die Ideologie des Anthropozän stärker ist als alle Vernunft, oder ob ihm noch ein Gaiazän folgen kann. Zunächst richte ich die Aufmerksamkeit auf die Umgebung der Wissenschaft und stelle die Frage, ob sie von dieser etwas lernen kann. Das ist prinzipiell immer möglich, denn sie ist ja nicht allein in der Welt. Die Antwort ist aber ambivalent: Starke Nachbarn versuchen wie überall, auch die Wissenschaft zu dominieren; weitere interessante Nachbarn sind heute zu schwach, um sie maßgeblich zu beeinflussen. Dann befassen sich zwei Kapitel mit schon ausprobierten Versuchen, die Hoffnungsträgerin zurückzuholen; einige sind schon gescheitert (das, was heute »Globalization« heißt, das, was man »Citizen Science« nennt, und alles, was unter dem Stichwort »Mainstreaming« läuft). Andere Ideen waren schon länger als überschätzt bekannt, enthalten aber noch immer Fortschrittspotenziale, wenn sie wahrscheinlich auch nicht die Kraft zur Erreichung jenes großen Ziels zur Wiederbelebung der Hoffnungsträgerin haben (die Ideen der Technologie, der Interdisziplinarität, wohl auch die der sogenannten Künstlichen Intelligenz). Doch es bleiben auch noch kaum genutzte weitere Möglichkeiten: vor allem die weitere Ausgestaltung der Demokratie, die rational getriebene Sehnsucht nach Transdisziplinarität und – besonders schwierig – eine echte Globalisierung. Abschließend frage ich nach herausragenden Akteuren und komme auf drei Gruppen, ohne die es nicht geht: die Frauen, die Zivilgesellschaft und die indigenen Völker. Das Ende bleibt offen.

TEIL II

HIN ZUM GAIAZÄN

Über die Zukunft

6

Nachbarn der Wissenschaft

Über Machtspiele, Übernahmen und Ervin Laszlo

Sind Nachbarschaften Kampfzonen?

Überall umgibt uns das Anthropozän. Es ist wie die Luft, die wir atmen und bei der wir normalerweise auch nicht merken, was sie heute alles enthält: gasförmige Produkte unserer nur notdürftig abgeschlossenen Labore und weitere unbekannte chemische Verbindungen, die entstehen können, wenn verschiedene unserer Produkte zusammentreffen. Auch sehr einfache Lebensvorstufen und -formen, Viren und Bakterien sind dabei. Sie machen die atembare Luft und Lebewesen, die diese wie wir brauchen, krank, ohne dass man es merkt. Auch sie sind unsere Nachbarn, wie unsere Institutionen. Das Anthropozän macht wie eine unbemerkte Pandemie alles krank, auch unsere Wissenschaft hat ein Sanatorium nötig.

Seine Nachbarn kann man sich nur selten aussuchen. An den Grenzen von Eigenheimen und Gärten kommt es oft zu von außen kaum erkennbaren Kleinkriegen. Die ökonomische Sprache der Wirtschaftsunternehmen ist da schon direkter, denn sie spricht u.a. von »feindlichen Übernahmen«. Bei diesem Stichwort muss ich immer an den Einmarsch der sozialistischen Bruderstaaten in die damalige Tschechoslowakei zur Zeit des sog. Prager Frühlings unter Dubcek denken. Nachbarn sind nur dann liebe und wahre Freunde, wenn die dort mit den verschiedenen Interessen aufeinandertreffenden Differenzen nicht zu groß sind Natürlich wurde damals beschwichtigt, dass man zur Hilfe gekommen sei, um gemeinsam mit den Freunden konterrevolutionäre Bestrebungen zu bekämpfen, doch war dies die pure Angst der Nachbarn, das Freiheitsstreben der Menschen könnte sie als nächste treffen. Ihre Panzer und die Toten sagten die Wahrheit. Ungarn gelang es nur mit Mühe, sich zu befreien; heute verlässt es diesen Weg vielleicht selbstgewählt wieder, peu a peu. Polen scheint einen nur in Details anderen Pfad zu gehen.

Viele scheinbar friedliche Nachbarschaften sind, wenn man genauer hinsieht, permanente Kampfzonen. Das gilt für die konkreten und auch für abstrakte Nachbarschaften. Die Wissenschaft ist inmitten anderer Handlungsfelder angesiedelt, die eigenen Interessen folgen. Die Politik ist eines davon und benimmt sich besonders raumgreifend. Sie glaubt, der Wissenschaft Grenzen setzen zu dürfen, etwa durch Hochschulgesetze, erreicht sie aber damit nicht ganz. Die Amateurwissenschaft erreicht sie zum Beispiel nicht; dort prallen die Versuche der Wissenschaftsminister ab, weil die dafür nötigen Institutionen fehlen. Die Wirtschaft versucht, über privates Geld Einfluss zu nehmen, und hat damit in Staaten, deren Bildungssysteme hierauf bauen, erheblichen Erfolg. Er besteht in Freiheitsbeschränkungen, die als das Gegenteil erlebt werden, weil die Handlungsfreiheit vermeintlich steigt, wenn Geld fließt. Für ökonomisch interessante Modedisziplinen ist das der Fall, für andere nicht. Diese Diskrepanz gilt meist als Normalzustand.

Antipoden dieses Zustands sind Kunst und Religion. Letztere scheint im Kern überwunden zu sein, doch ist sie dies noch nicht einmal in Europa. Überall mischt sie kräftig mit, wenn es um Wissenschaft geht. Nichts neben der Wirtschaft ist auf der Erde so lebendig wie die keinesfalls toten Religionen. Besonders dort, wo sich diese politische Kleider angezogen haben, ist ihre Macht ungebrochen. Auch die Anhäufung von wirtschaftlichem Reichtum ist nicht nur eine Spezialität des Vatikan; die Ölförderländer zeigen es. Die Kunst hingegen: Folgt sie tatsächlich anderen Idealen? Ihre Freiheit wird von vielen Verfassungen wie die der Religion und der Wissenschaft ausdrücklich garantiert und es scheint mehr an den Künstlern selbst zu liegen, was sie nun daraus machen. Doch auch da ist die Wirtschaft vor, die durchaus ihre Einfallstore in die Kunst kennt. Die am weitesten offenen bieten ihr heute die Medien und vor allem das Internet. Da die Politik sie gern als »frei« darstellt, um ihren eigenen Einfluss zu kaschieren, kommt es zu der medial-ökonomisch-politischen Mischatmosphäre, die heute das ganze Anthropozän und auch dessen Wissenschaft kennzeichnet.

Im Umfeld dieser Nachbarn hat sich die Wissenskultur des Anthropozän entwickelt. Sie trägt dort zwischen trotzig-beharrender Selbstbehauptung und als freundlich kaschierten feindlichen Übernahmen ihre Machtspiele aus. Man muss daher anerkennen, dass ein vollständiger Übergang ins Gaiazän für die Wissenskultur nicht isoliert möglich ist. Die Wissenschaft kann und muss sich um das Abstellen ihrer Fehler bemühen, aber letztlich müssen doch alle Handlungsfelder zusammenwirken; ihre Nachbarn können nicht gleichbleiben, wenn der Wandel der Wissenskultur vollständig sein soll. Die an die heutigen Verhältnisse angepasste Wissenschaft des Anthropozän bringt viele an diesen komplexen Raum aus verschieden starken Einflüssen angepasste Repräsentanten hervor und nur wenige, die mutig um ihre Unabhängigkeit kämpfen. Ich möchte eine Person vorstellen, die es geschafft hat, sowohl anerkannt zu werden wie zugleich ein Außenseiter zu bleiben, die für ihre Ideen auch die rationale Kraft der Kunst nutzt.

Ervin Laszlo

Zu denen, die ihrem Heimatland frühzeitig – noch als Klavierwunderkind zusammen mit seiner Mutter – den Rücken kehrten, um nicht unter einer Diktatur leben zu müssen, gehört Ervin Laszlo. Als wir 2004 einmal den ungarischen System- und Evolutionsforscher und seine finnische Frau Carita zuhause in der Toskana besuchten, saß man zusammen im Klavierzimmer um einen großen schwarzen Flügel herum. Das war nicht nur eine Reminiszenz an sein erstes Leben, in dem er als junger Konzertpianist schon ein paar Schallplatten mit berühmten Orchestern und Dirigenten eingespielt hatte, bevor er sich doch lieber der Physik und der wissenschaftlichen Forschung zuwandte. Er hätte Erfolg schneller haben können. Ein Flügel blieb zeitlebens immer ein notwendiges Möbelstück des Künstler-Wissenschaftlers Laszlo in allen seinen Arbeitszimmern.

Insofern passte es auch, dass er sich wenige Wochen später vor seinem Vortrag über Evolution im Bielefelder Auditorium Maximum erstmal an den dortigen Flügel setzte und zur Überraschung des Publikums eine kleine Fuge von Bach spielte. Ich fragte mich, wie er wohl den Übergang zu seinem Vortrag über Evolution finden würde. Als Moderator des Abends überlegte ich schon eine längere Erklärung. Aber Ervin brauchte dafür nur einen einzigen kurzen Satz; er sagte: »*Eine Fuge ist eine evolutionäre Entwicklung*«. Schon war er bei seinem Thema.

Die Auseinandersetzung mit Darwins Evolutionslehre wurde ein Teil seines Lebens; ich lasse offen, was davon Darwin wirklich traf und was sich nur auf die reichlich vorhandenen Fehlinterpretationen von dessen Lehre bezog. Die Dawkinssche genetische Reformulierung Darwins trifft ihn jedenfalls nicht. Doch dies ist hier nicht das Thema. Es geht um die Frage, ob maximale Offenheit von Rationalität oder das Gegenteil, ein maximaler Reduktionismus, größtmögliche Vorsicht und Zurückhaltung des Denkens empfehlenswertere Einstellungen sind. Für Ervin wie für mich kommt nur Ersteres infrage.

Laszlo ist ein kreativer Denker, ein Philosoph ohne Bindung an eine Schule, wie es nicht viele gibt. Für sie ist Rationalität keine enggeführte Gasse zwischen logischen Wahr-falsch-Mauern, sondern ein weites Feld nicht reglementierter Freiheit der Menschenvernunft. Er hat weniger Angst vor der Nähe von esoterischen Gedanken als vor der Enge mächtiger Doktrinen, die ihn mit falschen Dogmen einkerkern. Wir haben uns im Anthropozän ohne Not in solche selbstgebauten Gefängnisse eingemauert. Verwaltung, Wirtschaft und Politik heißen die drei erfolgreichsten Kerker, teilweise fast Straflager. Hinzu kommt die gewaltig gewachsene Macht der Medien und dort, noch immer wachsend, die Allmacht des Internets. So, wie diese Nachbarn der Wissenschaft heute aussehen, bedrohen sie diese mehr, als ihr zu dienen. Das könnte sich einmal ändern, aber wahrscheinlich nur dann, wenn auch der Wandel der Wissenschaft in die Gänge gekommen ist.

Ist die Wissenschaft wirklich noch frei?

Als vor kurzem ein Lokaljournalist den heutigen Philosophieprofessor für Wissenschaftstheorie an meiner ehemaligen Universität fragte, ob er nicht den Freiheitsverlust unangenehm spüre, den jene Nachbarn der jetzigen Wissenschaft bescherten, sagte dieser tatsächlich: Ach nein, so schlimm sei das gar nicht, er könne immer noch alles tun, was er wolle. Es verschlägt mir die Worte bei so viel Naivität, immerhin eines Philosophen! Wer so geringe Ambitionen hat, weil er sich bei nichts Wichtigem behindert fühlt, obwohl überall ökonomische, administrative, juristische und ideologische Hindernisse seinen Bewegungsraum einschränken, leidet unter fortgeschrittenem Wirklichkeitsverlust. Mehrfach habe ich die Phantasielosigkeit erleben müssen, die viele heutige Philosophen zu müden Veteranen ihrer Profession macht. Eine dieser Erfahrungen habe ich im Buch *Lob der Laien* beschrieben, wo in Münster gestandene Wissenschaftsphilosophen sich weigerten, heute mehrheitlich geteilte Konzepte von Wachstum, Wissen oder Fortschritt noch einmal infrage zu stellen, weil sie diese für »ausgereift« hielten. Sie präsentierten sich als Idealgestalten des heutigen Wissenschaftsbetriebs. Ervin Laszlo hat sich diesem Betrieb immer wieder entzogen. Unabhängigkeit war ihm stets Grundlage seiner Freiheit. Seine festangestellten, teils auch beamteten Kollegen merken oft gar nicht mehr, was ihnen fehlt.

Dennoch haben Laszlo und andere Aufklärer immer wieder auch versucht, gegebene Machtkonstellationen für die notwendigen Veränderungen zu nutzen. Die Wissenschaft muss darauf achten, sich nicht deren Interessen aufdrängen zu lassen, sondern die Aktivitätsrichtung umzudrehen. Denn Politik und Wirtschaft sind die beiden Nachbarn der Wissenschaft, die ihr absichtsvoll so nahe zu kommen versuchen, wie es nur irgend geht. Sie drängen sich ihr förmlich als helfende Begleiter auf, ja drohen mit freundlichen Übernahmen. Die Politik hat diese in Gestalt von Wissenschaftsministerien und Universitätsgesetzen schon ziemlich vollendet, die Wirtschaft bleibt zunächst auf »Universities of applied sciences« (früher Fachhochschulen) und bestimmte Disziplinengruppen (Handel, Dienstleistung, Technik) beschränkt und geht dann den Umweg über die Politik. Dort werden viele Machtspiele veranstaltet, in denen ausgetestet wird, wie weit man bei der Drittmittelfinanzierung gehen kann. Als Mitglied des frühen Club of Rome hat auch Laszlo gelernt, dass Rationalität und Macht durchaus zusammengehen können. Er hat das dann im selbstgegründeten Club of Budapest um die Kunst erweitert, was wirklich klug war. Auch sie braucht die Freiheit und auch sie muss um sie kämpfen. Aus dem religiösen Bereich ist es vor allem der jetzige Dalai Lama, der diesen Weg geht.

Es ist ein Fehler, dass viele bei der Liste der Hindernisse, die heute dem verantwortlichen Zukunftshandeln entgegenstehen, zwar sofort an Politik und Wirtschaft denken, aber nicht an die Verwaltung. Laszlo hat diesen Fehler nie gemacht; von ihr hat er sich meist fern gehalten. Denn sie ist es, die immer wieder jenes entsetzliche Monster neu gebiert, das man »Bürokratie« nennt. Die Wissenschaft ist voll davon. Es beginnt in Wissenschaftsministerien, setzt sich in Bildungs- und Forschungsinstitutionen fort, treibt in Schulen und Hochschulen ihre Hauptblüten in einer Fülle von Ordnungen, Grund- und Anordnungen, die die ganze Hierarchiebegeisterung der verteilten Macht auskosten, und verläuft sich im ökonomischen Gestrüpp des Medienmarkts der Journale und Verlage, die Publikationen fördern oder verhindern. Verwaltungsrechtliche Ordnungsstrukturen durchziehen heute alles, was zu komplex geworden ist, um übersichtlich zu bleiben und einfach durchschaut werden zu können. Die Wissenschaft ist davon nicht ausgenommen, obwohl es nicht zu der Idee von Rationalität gehört, die ihr mal zugrunde lag. Solche administrativen Gebilde verhärten im Laufe der Zeit dort, wo der Bürokratieprozess gerade angelangt ist.

Noch am wenigsten erstarrt sind die Medien, weil sie der Markt ansonsten schnell nach seiner Nutzensicht abservieren würde. Der Name der Medien stammt noch aus alter Zeit, wo sie wirklich nur Vermittler waren und keinen eigenen Machtanspruch hatten. Doch diese Zeit ist lange vorbei. Die heutigen Vermittler kennen ihr Privileg gut, eine Verbindung zwischen Sender und Empfänger herzustellen. Sie wissen natürlich, dass es mit der bloßen Herstellung nicht getan ist. Sie können darüber bestimmen, ob und wie lange die Verbindung aufrechterhalten wird, wie gut sie ist, ob sie alle potenziellen Empfänger erreicht und wie schnell das geschieht. Zuerst gab es Zeitungen, vielleicht sogar mehrfach am Tag, dann im Prinzip dauernd das Radio für die Ohren, später auch das Fernsehen für die Augen und heute das Internet für alle und alles. Schon die alten Medien erreichten einige Massen und gewannen ihren Einfluss über deren Zahlen. Sie haben den Trend der Wissenschaft zur Unterhaltung erheblich gefördert. Doch das Internet schlägt sie alle. Im Prinzip ist es global und macht damit Reklame und heute das meiste Geld.

In Wahrheit jedoch sind es wenige Großkonzerne, die mächtigsten von allen, die bestimmen, was im Internet erscheint und was nicht. Nicht der amerikanische Präsident oder die CEOs von Shell oder Volkswagen entscheiden maßgeblich über den Gang der Ereignisse, sondern Facebook, Google und Amazon. Angesichts der bestrickenden Bequemlichkeit des Internets sind wir alle kaum noch frei, uns diesem Kundenverhältnis zu entziehen. Wir können den Anbieter wechseln, aber auch das wird schon schwer gemacht. Einmal im Netz heißt meist für immer gespeichert. Was vergessen wird, ist trotzdem noch da. Löschungsversprechen sind in einer Zeit, wo Adressen verkauft werden, nahezu nichts wert. Nirgendwo ist die utilitarische Ethik des Marktes so wirksam wie hier, nichts dominiert die Ideologie des Anthropozän so sehr wie der bequeme Utilitarismus der Ökonomie. Insofern trägt die Ökonomik eine große, vielleicht die entscheidende Mitverantwortung an ihr.

Für die Wissenschaft bringt das Internet zusätzliche Beschleunigung, aber keinen Mehrwert an Kreativität. Sie benötigt diese, aber sie lehrt sie nicht. Das Netz verfestigt ihre Bindung an die ökonomischen Werte der Gegenwart und schwächt ihren Bedarf an Kritik. Es trägt zu ihrer Erstarrung bei und macht sie zu einem Mitspieler bei der ablenkenden globalen Unterhaltung. Wenn dies ein Bedarf ist, ist es ein Bedarf an zunehmender Bequemlichkeit und Geistesleere. Wo ich es selbst nutze, zeigt sich meine Hilflosigkeit angesichts der Notwendigkeit, den Lauf der Dinge zu ändern.

Und was ist mit den Nachbarn Kunst und Religion?

Es gibt freilich auch noch die beiden anderen Nachbarn der Anthropozän-Wissenschaft, von denen sie sich meistens bewusst fernzuhalten versucht, weil sie befürchtet, sich durch Unseriosität infizieren zu können: Kunst und Religion. Beides scheint nichts Rationales, sondern nur sentimental und nostalgisch, doch ist auch das ein anthropozentrischer Irrtum. Denn in beidem steckt auch Rationalität, wenngleich die europäische Tradition dieses Begriffs diese nicht erfasst. Wer die Ungewissheit des Wissens anerkennt, hat etwas verstanden, was das Ende des Anthropozän besiegeln könnte.

Die Religion ist insofern mitbetroffen, als sich der Mensch in jener Ideologie als »Homo deus« feiert und den Glauben an sich selbst auf die Spitze zu treiben versucht. Dort, wo sich Religion z. B. als Kirche oder als politische Macht inszeniert, ist ihr selbst die herrschende Wissenschaft überlegen, denn es steht nur dogmatische Macht gegen Argument. Doch dort, wo ein persönliches Eingeständnis der Nichtallwissenheit dem Glauben an die Notwendigkeit Raum gibt, die Lücke der bleibenden Ungewissheit ohne Kampf gegen die Vernunft zu füllen, dort könnte sie auch noch im 21. Jahrhundert einen wichtigen Beitrag leisten. Dieser wäre rational, weil er den Raum zu füllen versuchte, den Wissen nicht füllen kann, weil es ungewiss bleibt. Vielleicht erklärt dies teilweise die fortwirkende Kraft der Religionen zu einer Zeit, die ihr eigentlich abschwören wollte. Ganz erklärt es ihre heutige Rolle nicht. Der unerklärte Rest ist wohl tatsächlich eine Flucht in die Irrationalität.

Der politische Islam, der heute Teile der Erde sogar terroristisch in Atem hält, wird neben seiner innerreligiösen Schismen im Dauerstreit von Sunniten- und Schiitentum auch durch die Ungerechtigkeit befeuert, die Kolonialismus und Pseudoglobalisierung losgetreten haben. Das Judentum nimmt infolge seiner alten Verfolgung durch den Antisemitismus mehr Zuflucht zu Machtgehabe, als ihm dies religiös helfen kann. Auch das Christentum ist nicht durch Vielfalt, sondern durch Spaltungen besonders geschwächt und sucht sich zwischen inquisitorischer Kurie, marktgläubiger Offenheit, Pietismus, Sektentum und massiver Politisierung seine schmaler werdenden Wege. Die mehr philosophisch geprägten asiatischen Religionen und die indigenen Naturreligionen versuchen noch am ehesten den rationalen Kern religiöser Traditionen lebendig zu halten, stoßen aber auf das anthropozentrische Vorurteil, dies sei alles irrational. Dennoch bleiben Potenziale bestehen, die Religion zu einer positiven Kraft des Gaiazän machen könnten, die gut mit einer neuen Wissenskultur zusammengehen kann. Beides muss gesehen werden. Die völlige Isolierung der Religion als Antiwelt ist weder möglich noch rational. Die Dawkinssche Übertreibung zeigt dies.

Auch die Kunst ist erstmal hilflos. Sie hat das Anthropozän nicht mitverbockt. Sie kann dessen Wissenskultur nur auf ihre Weise kommentieren, nicht beenden. Sie ist aber nicht nur ein ästhetisches Problem, auch wenn das vielen angenehm wäre. Hans-Ulrich Obrist präsentiert mithilfe von 140 Künstlern Ideen für die Erdrettung, aber dies springt zu kurz, weil wir damit das Anthropozän und die herrschende Wissenschaft nicht genug verändern. Allein hat die Kunst hierzu nicht die Kraft. Dennoch liegen positive Potenziale in dieser Nachbarschaft: Anreize zum Überdenken der Einseitigkeit unserer als führend inszenierten Idee von Rationalität und der Betonung, wie wichtig Phantasie und Kreativität für sie sind. Ernst von Glasersfeld hat wohl Recht, wenn er darauf hinweist, dass man ein »Doppelleben« führen kann und Siegfried J. Schmidt als ein gelungenes Beispiel hierfür nennt. Zur Mitwirkung am nötigen Wandel, zur Lockerung unserer Vorurteile sind Künstler allemal aufgerufen. Nur dürfen sie ihre Rolle weder unter-, noch überschätzen.

Beides geschieht heute. Es gibt diejenigen, die sich in ihre Kunstwelt abkapseln und diejenigen, die die Nachbarn des Anthropozän für ihren Erfolg zu nutzen verstehen. Die Gefahr ist groß, eines der beiden Extreme fürs Ganze zu nehmen. Der »große Künstler« ist im Sinne dieser Ideologie immer ihr Repräsentant; er ist in Einzelfällen auch ökonomisch erfolgreich. Er ist heute nicht einfach Repräsentant der Kunst, sondern meist der Kunst des Anthropozän. Wer sich dennoch als Künstlerindividuum behaupten möchte, braucht zumindest das Bestreben, nicht völlig in ihm aufzugehen. Er ist nur dann Realist, wenn er beides anstrebt: sein künstlerisches Rationalitätspotenzial abzurufen und zur Geltung zu bringen, aber nicht völlig in der Rolle eines Helden der Gegenwartskunst aufzugehen. Deshalb bleiben gerade die vielen ökonomisch nicht erfolgreichen Künstler für die Zunft besonders wichtig. Sie halten eine verbliebene (und zumindest bisher in Europa auch nicht erklärte) Rationalität hoch, die nicht völlig ästhetisch verschüttet werden darf, weil sie für den Neuanfang noch gebraucht wird.

Kunst und Religion sind beide nicht die Kräfte, die das Anthropozän aus eigener Kraft beenden könnten. Aber sie könnten durchaus wichtige Nebenrollen bei seiner Überwindung spielen. Dafür müssten sie freilich selbst erstmal dessen Dunstkreis verlassen wollen, woran man als Pauschalstrategie Zweifel haben kann. Andererseits gibt es bei ihnen Potenziale genau dafür. Grundsätzlich gilt deshalb: Der Übergang ins Gaiazän muss zwar von der Wissenschaft angestoßen werden, erfordert aber die Mitwirkung aller ihrer Nachbarn, sowohl der für den nötigen Wandel offeneren als auch der anderen. Und ein Kosmozän, das sich viele mit Stephen Hawking schon jetzt erträumen, könnte dann allenfalls der übernächste Schritt sein. Der nächste ist in jedem Fall auf der Erde zu tun. Es lohnt sich also, nach Ideen und Ansätzen zu fahnden, die hierfür noch vorhanden sind. Das Anthropozän leidet am Mangel von Vernunft. Auch in Europa und Amerika gibt es hierfür noch Angebote. Viele entpuppen sich leider als unbrauchbar. Einige haben sich bereits als Etikettenschwindler erwiesen, andere schüren weiterhin große Erwartungen. Ihr verbliebenes Potenzial abschließend zu beurteilen ist noch nicht möglich. Die europäische Aufklärung hat sich jedenfalls an der Rationalitätsfrage überhoben. Sie richtet sich an die ganze Erde.

7

Populisten und Etikettenschwindler

Über gescheiterte Erneuerungsversuche und Irmgard Sonneborn

Ist links immer links und rechts immer rechts? Natürlich nicht. Ich muss mich nur umdrehen und schon ist alles andersherum. Der Wiener konkrete Poet Ernst Jandl hat damit gern gespielt und gedichtet

lechts und rinks kann man nicht velwechsern
werch ein Illtum

Bei vielen anderen Begriffen gibt es Ähnliches: Täuschung, auch Selbsttäuschung, ist leicht und ist dort vielleicht sogar zum Normalfall geworden. Nachhaltigkeit zum Beispiel. Auf allen internationalen Konferenzen heißt sie längst *Sustainability*; wir haben uns daran schon gewöhnt. Dennoch sind beide Begriffe nicht völlig identisch. Doch man kann gut mit ihnen spielen und ihre eigentliche Bedeutung manipulieren. Als Reklamesignale sind sie schon jetzt unübertroffen. Einige weitere Beispiele behandelt dieses Kapitel. Es geht um sehr verschiedene, scheinbar gute Entwicklungen, die freilich nicht das gebracht haben, was hätte in ihnen stecken müssen, vielleicht auch können: die Wissenschaft wieder zur Hoffnungsträgerin werden zu lassen.

Trägt die »globalization« ihren Namen zu Recht?

Der Verlust ihres Ehrentitels als Hoffnungsträgerin und seine Umkehrung zur Angstmacherin war Ende des 20. Jahrhunderts für die Wissenschaft offenkundig. Ihre machtvollsten Nachbarn Wirtschaft und Politik spielten dabei die Hauptrollen. »Globalisierung« wurde das beliebteste Schlagwort bei der Bezeichnung der Jetztzeit. Es war eine Frucht wissenschaftlicher Forschung: ein Exempel dafür, wie leichtfertig solche Begriffe verwendet werden. Doch auch die wirklich aufklärende Wissenschaft lebt weiter, nur kann sie sich meist nicht durchsetzen.

Der Club of Rome publizierte 1972 seinen epochemachenden ersten Bericht über die Grenzen des Wachstums, aber er wurde wegen seiner quantitativ ungenauen Prognosen zerredet. In den Folgejahren geschah nichts Ernsthaftes, was die bald rasant beginnende Karriere der falschen »globalization« mit ihrer sich immer mehr verstärkenden Fortschreibung der Resultate der Kolonialisierung verändert hätte. Greenpeace wurde 1971 als non-profit-Organisation gegründet, aber deren spektakuläre Aktionen belebten vor allem die Sensationsgier der Massenmedien, anstatt ernsthaft etwas an den herrschenden Ideologien zu verändern. Drei Beispiele sollen hier für gescheiterte Erneuerungsversuche unserer in die Jahre gekommenen europäischen Rationalität und ihres sehr beschränkten Blicks auf die Wirklichkeit stehen: das, was man »Globalisierung« nennt; das, was aus der »Citizen Science«-Idee gemacht worden ist und das, was mit der Lust an vereinfachten Hauptströmen zusammenhängt, wozu auch das sogenannte »Gendermainstreaming« gehört.

»Globalization« ist einer der meistzitierten englischsprachigen Begriffe des heutigen Anthropozän geworden. Nur sehr oberflächlich gesehen sagt er das aus, was er sagen soll: dass nach einer langen Zeit, in der die Kontakte der meisten Menschen auf ihr unmittelbares Umfeld begrenzt waren, nun die große Aufweitung des Machthorizonts über den ganzen Erdball anstand. Stattdessen markiert dieser Begriff in vielen Sprachen einen der markantesten Wirklichkeitsverluste des Anthropozän. Die bloße Tatsache, dass Handels- und Informationsströme fast die ganze Erde umstreichen, darf es angesichts der gegenwärtig sehr markanten Machtverteilung in Reiche und Arme nicht rechtfertigen, diesen Zustand mit einer solchen Bezeichnung zu versehen.

Bei einer Globalisierung, die diesen Namen verdient, würden jene Ströme kreuz und quer über den Globus laufen, sodass jeder Botschaften senden und empfangen kann, kaufen und verkaufen. Davon sind wir meilenweit entfernt. Heute gibt es bevorzugte reiche Senderländer und andere arme, denen außer dem Empfangen von deren Botschaften nichts übrig bleibt. Die Ungleichverteilung materialisiert sich im Warenhandel zwischen denen, die Produkte anzubieten haben und denen, die sie abnehmen sollen. Einige der armen Länder haben Bodenschätze anzubieten, vor allem Erdöl, aber auch seltene Erden, die die anderen dringend brauchen, und wechseln durch deren Ausverkauf einfach auf die andere Seite, so lange es geht. Sie nutzen das neugewonnene Geld nicht für nachhaltige Zwecke, sondern nur dafür, die Strategien der reichen Staaten zu kopieren, und erleben damit eine kurzfristige Scheinblüte, bis diese Ressourcen ausverkauft sind.

Ein Einwand lautet, wir wüssten nicht, wie eine echte Globalisierung geht. Das mag so sein. Dann müssen wir es eben lernen, Wege dorthin suchen – etwas, was uns ohnehin als Aufgabe übrigbleibt. Es wurde freilich viel Zeit mit der Illusion vertan, wir hätten das Gesuchte schon, die neuen Medien, vor allem das Internet würde es uns tagtäglich vor Augen führen. Doch dies ist ein Irrtum. Es führt uns täglich eine Pseudoglobalisierung vor Augen, bei der das Geld, dieser anthropozentrische Obermythos, die Regie führt. Die Wissenschaft, die sich hierauf einlässt, ist von ihm abhängig und stärkt den status quo: das Anthropozän.

Ist »Citizen Science« mehr als ein gescheiterter Reformversuch?

In der Wissenschaft gibt es etwas, was jener Spaltung der Erde in Anbieter- und Abnehmernationen entspricht: die Spaltung in Profis und Laien. Obwohl es viele kluge Laien gibt, die sich selbstbestimmt aneignen, was sie wichtig finden, bekommen sie sogar neben den dümmsten Profis an den wissenschaftlichen Institutionen kaum ein Bein auf den Boden. Gegen kluge Profis haben sie gar keine Chance mitzuhalten. Leider gibt es auch viele Selbstüberschätzer unter beiden Gruppen.

Als ich einiges zur Verteidigung und Aufwertung der klugen Amateure geschrieben hatte, konnte ich mich eine Zeitlang nicht retten vor den Briefen vermeintlicher Genies, denen ich sagen sollte, wie sie endlich die bisher versagte Anerkennung finden könnten: dem Mathematikliebhaber, der die Goldbachsche Vermutung gelöst haben wollte, dem aber nur noch die Sekretärinnen der angeschriebenen Lehrstuhlbesitzer antworteten; der Yogalehrerin, die davon überzeugt war, dass ihre Kurse noch besser würden, wenn sie endlich Quantenphysiker fände, die mit ihr darüber reden möchten; der durch Handauflegen Krankheiten kurierende Heilpraktiker, der sich darüber wunderte, dass kaum ein Schulmediziner von ihm lernen wollte; oder der Hobbyphilosoph, der meinte, die richtige Philosophie, die er gefunden zu haben glaubte, stünde in einem beigefügten Text, dessen jedes dritte Wort eine unverständliche Neubildung war. Natürlich konnte ich niemandem helfen.

Doch all dies ändert natürlich nichts an der Tatsache, dass es sehr viele gute Amateurwissenschaftler gibt, die oft gar nicht in

Konkurrenz zu Profis treten wollen, aber zu Recht Aufmerksamkeit für ihre Arbeit erwarten. Sie sind ein Teil der Zivilgesellschaft. Die Institutionen waren schlecht beraten, sie lange – zum größeren Teil bis heute – ignorieren, statt sie zu respektieren, ja zu loben und in ihre eigene Agenda zu integrieren. Als sie es taten – vor allen anderen Biologen, zuerst am University College in London, dann massiv und programmatisch an der Cornell University in den USA, und danach, diesen Vorbildern folgend, beschleunigt auch anderswo und auf anderen Gebieten –, taten sie es zu spät und nur zum Eigennutz: mit der Attitüde der überlegenen rechtmäßigen Besitzer des Wissenschaftsetiketts, die sich das vermeintliche Anrecht auf abschließende Beurteilung, Auswertung und Publikation von Leuten ohne akademische Insignien nicht nehmen lassen.

Irmgard Sonneborn

Eine Tageszeitung in Deutschland, die *taz*, ist 2015 einmal mit dem ganzseitigen Porträt einer völlig unbekannten Forscherin auf der Frontseite erschienen: Irmgard Sonneborn, unterschrieben »Die Spitzenforscherin«. Die ehemalige Verkäuferin und Hausfrau, die früher nie eine Hochschule von innen gesehen hatte, war damals schon 92 Jahre alt und noch fast täglich unterwegs, um auf dem Gebiet des britischen Truppenübungsplatzes Senne in Westfalen mit offizieller Erlaubnis nach seltenen wildlebenden Pflanzen und Pilzen zu suchen. Ich hatte sie schon 40 Jahre früher kennengelernt. Die Sicherheit, mit der sie Tausende von Arten bestimmte und immer noch unverdrossen Herbare anlegte, beeindruckte auch Mykologie- und Botanikprofessoren. Sie war der Idealtyp einer selbstständig denkenden, auf genaues Beobachten und Identifizieren konzentrierten Amateurwissenschaftlerin, also das, was »Citizen Science« eigentlich bedeuten sollte. Sie sagte den abgehobenen, gutbezahlten Profis gleichsam »durch die Blume«, was sie falsch machen. Mit Geld ist sie nie entlohnt worden.

Denn sie beherrschte etwas, bei dem sich viele Profis, die hervorragende Theoretiker und Kenner der Forschungsliteratur sein mögen, von guten Amateuren heute helfen lassen müssen: das genaue Beobachten, die detaillierte Artenkenntnis. Das, was man sieht, als etwas Bestimmtes, meist schon Bekanntes identifizieren zu können, ist eine fundamentale wissenschaftliche Fähigkeit, die man grundsätzlich als Erstes erlernen und beherrschen sollte. Deshalb hätte auch die Unterschrift zu jenem Zeitungsbild besser »Die Basisforscherin« heißen sollen. Denn nur wer jene Beobachtungsfähigkeit besitzt, kann ernsthaft weitergehende, vielleicht sogar Allgemeingültigkeit beanspruchende Hypothesen daran anknüpfen. Wenn er das überhaupt will; sie wollte es nie.

Doch auch hier sieht die heutige Wirklichkeit oft anders aus. Wissenschaftler werden in der Regel so beschrieben, dass sie immer alles zu wollen haben; sich selbst aus Einsicht in die Begrenztheit der eigenen Möglichkeiten zurückzunehmen kommt da meist nicht vor. Eine Wissenschaftlerin, die nur beobachten und identifizieren will, gilt als unvollkommen. Die Normalität, nämlich dass es kleine und große Wissenschaftler nebeneinander gibt wie kleine und große Trompeter, Staatenlenker oder Fußballer ist bei der Wissenschaft zwar auch gegeben, aber unbeliebt. Je kleiner ein Wissenschaftler ist, desto anrüchiger ist im Anthropozän seine Wissenschaft. Wie falsch!

Denn die Startbedingungen von Wissenschaft sind grundsätzlich wichtiger als die hohen Erwartungen, die man über sie hinaus auch noch haben kann. Warum? Weil in ihnen die Basis dessen gelegt wird, was man dann in den Hypothesen und Theorien über jene Basis hinaus erweitern und verallgemeinern kann, wenn man es denn will. Letztlich ist also die Fähigkeit, etwas Konkretes genau zu beobachten, entscheidend. Sie schließt sehr viel ein, was uns oft nicht bewusst wird: das bisher angesammelte Hintergrundwissen, aber dann insbesondere das Auswählen, die Unterscheidung des Wichtigen vom Unwichtigen, sich auf etwas konzentrieren zu können, aber auch das Umfeld nicht zu übersehen, das Ganze über den Teil, der einen besonders interessiert, nicht zu vergessen. Ein guter Beobachter ist deshalb ein guter Basiswissenschaftler, womöglich überhaupt kein Theoretiker, aber vielleicht ein guter Praktiker der Wissensgewinnung.

Irmgard Sonneborn hat mich immer daran erinnert, wie häufig Norm und Wirklichkeit auseinanderklaffen. Bei der Wissenschaft selbst beginnt es schon damit, dass heute nur noch examinierte und an Institutionen gebundene Profis als Wissenschaftler wahrgenommen werden, solche Amateure wie Irmgard Sonneborn schon gar nicht. Dabei waren noch vor zweihundert Jahren, als es erst wenige dieser Institutionen gab, fast alle guten Wissenschaftler Liebhaber ihrer besonderen Interessengebiete und nicht nach Standards examinierte Absolventen formaler Studien. Doch dies hat sich im weiteren Verlauf des Anthropozän stark verändert. Heute sind viele Profis nur noch bezahlte Funktionäre.

Wurden Chancen vertan?

Ähnlich wie mit solchen Einzelpersonen ist es, wie ich schon zuvor beschrieben hatte, mit der ganzen Citizen Science-Bewegung gelaufen. Mit ihr wurde eine der seltenen Chancen vertan, das sehr angeschlagene Bild der Hoffnungsträgerin wieder zu restaurieren. Die oft abgehobene und unverständlich gewordene professionelle Wissenschaft wieder mit ihren eigenen Wurzeln zu versöhnen, indem man die Arbeit der ehrenamtlich tätigen Amateure zur Kenntnis nimmt und würdigt, statt sie durch Ignoranz zu strafen, war eine gute Idee, um die sich zunehmende Isolierung des Elfenbeinturms zu stoppen und der weiteren Abkapselung des akademischen Elitedenkens einen Riegel vorzuschieben.

Doch das Problem war, dass die selbstgefällig gewordene Berufswissenschaft inzwischen bereits so weit von den Amateuren abgekoppelt war, dass diese auf den meisten Tummelplätzen des Spezialwissens den Wirklichkeitssinn verloren hatte, dafür aber die Bindung der Profis an ihre Geldquellen in Staat und Industrie umso fester geworden war. Jetzt wäre es wichtig gewesen, möglichst vorurteilslos um sich zu schauen und zu erkennen, dass es auf manchen Themenfeldern sehr gute kreative Amateure gibt, aber auch viele andere, denen das bloße Mitmachen an einem wissenschaftlichen Projekt völlig ausreicht. Dabei hätten die Stärken der Amateure – ihre Fähigkeiten beim Beobachten, die Selbstwahl ihrer Gegenstände und Aufgaben, ihre Ungebundenheit durch Laufbahnen und Vorgesetzte, aber auch die weitgehenden Geldfreiheit des Ehrenamts – zum Zuge kommen müssen, weil dies alles bei den Berufswissenschaftlern weniger gegeben und viel hinderlicher war. Es hätte die Chance eröffnet, an die Zeit der Hoffnungsträgerin neu anzuknüpfen, weil die guten Amateure auch klare ethische Motive hätten vermitteln können, die sie selbst zu ihrer ehrenamtlichen Tätigkeit getrieben haben. Dies war die ursprüngliche Idee bei der Citizen Science-Bewegung.

Doch die etablierten Institutionen hatten ein Interesse nur an bequemen Mitmachern und Datenerhebern; die von ihnen für wesentlich gehaltenen Schritte – Aussortieren des Unbrauchbaren, Einordnen des Restes, Interpretieren, Auswerten und vor allem Veröffentlichen – blieben ihnen auf diese Weise selbst vorbehalten. Sie ließen es insofern zu, dass der Sinn des neuen Begriffs Citizen Science schnell ausgehöhlt und auf ein für sie unkritisches Kleinmaß reduziert wurde: der Citizen Scientist als Helferlein war geboren. Er war billiger Ersatz für den teuer gewordenen Unter- und Mittelbau der akademischen Hierarchie, willkommene Zwischenstufe auf dem Weg zur erhofften akademischen Zukunftsmaschine als Nachfolger der womöglich künftig ganz überflüssigen Wissenschaftler aus Fleisch und Blut. Wissenschaftskritik war nebensächlich, obwohl sie eine Chance hätte bedeuten können. Faktisch aber bedeutet sie eine Gefahr für die beliebte Fortdauer der gewohnten Bequemlichkeit. Wenn Kritik jetzt doch gelegentlich mit abfällt, ist das tatsächlich wie Abfall: Nebenprodukt, nichts Grundsätzliches. Wenn es hochkommt, führt es vielleicht zu einigen organisatorischen Verbesserungen, zu begrenzter Bürokratieverminderung. Eine grundsätzlich neue Wissenskultur entsteht so sicher nicht. Denn es wurden vor allem die Gegenkräfte gestärkt: Typisch sind die Folgen der für die verwässerte Form von Citizen Science sehr erfolgreichen Gründung der ECSA, einer Verwaltungsebene mit Führungsaufgaben für Profis, die inzwischen erdweit bei diesen sehr beliebt ist, den Amateuren aber nur eine denen angeblich fehlende Verwaltungsebene aufbürdet: ein Profitraum(a).

Verwandt hiermit ist bisher übrigens auch das Schicksal eines anderen Reformversuchs: der sogenannten »transformativen Wissenschaft«. Diesmal freilich ist es nicht die ehrenamtlich arbeitende, sondern die Berufswissenschaft, die ihre Reformbedürftigkeit selbst erkennt. Ihr kritischer Blick richtet sich immerhin nicht auf die vernachlässigten Amateure, sondern tatsächlich auf sich selbst. Allerdings erstreckt sich die Reformbereitschaft meist wieder nur auf ihre Organisationsformen. Die wirklich heißen Eisen in den Grundfragen der Logik, der Ethik, der Wissenschaftstheorie, der historischen Mitgifte der europäischen Antike, des Mittelalters, der Aufklärung und des Kolonialzeitalters, zu der Bedeutung der Sprachenvielfalt und der Bedeutung der kulturellen Evolution werden dort nicht gestellt; bisher jedenfalls nicht. Anders gesagt: Die heute geltende Wissenskultur wird nicht thematisiert. Allerdings muss eingeräumt werden, dass diese Diskussion bisher nicht abgeschlossen ist. Ich schließe deshalb nicht aus, dass transformative Wissenschaft ein Thema für das folgende Kapitel werden könnte, wenn Teile der veränderungsbereiten Wissenschaftler diese bisher nicht genutzten Chancen noch erkennen. Der Citizen-Science-Zug jedenfalls ist abgefahren.

Gegenwärtig geht die Wissenschaftspolitik einen völlig anderen Weg: nicht den des Neuaufbaus der wissenschaftlichen Basis unter Einbeziehung der Zivilgesellschaft, sondern den absehbar gegenteiligen der Elitebildung. Man treibt die Hochschulen in Wettbewerbe zur Förderung ihrer Exzellenz. Treiber ist die Furcht, sonst von der erdweit verbindlichen Spitze abgehängt zu werden. Die US-amerikanischen Spitzenuniversitäten, die »Golden Eight«, sind hierfür gesetzt. Die anderen Länder hecheln hinterher. Als Preis für Wenige winken Geld, Karriere und internationales Renommee, auch Prestige von Staaten. Doch all dies sind keine wissenschaftlichen Kategorien. Das Anthropozän lullt sich und seine Wissenskultur in der Bequemlichkeit seiner ökonomischen Wertvorstellungen ein. Eine neue Hoffnungsträgerin entsteht so nicht.

Auch Mainstreaming ist nicht die Lösung

Als drittes Beispiel für die bequeme Oberflächlichkeit des Anthropozän nenne ich einen sehr verbreiteten Irrtum, nämlich die Beliebtheit, mit der das Große und Beherrschende alles kleinere und Unterlegene dominiert. In der Natur hat dies begonnen: Wenn es um Fließgewässer geht, mündet fast jede kleine Quelle in einen Bach, die meisten Bäche in einen Fluss und dieser schließlich in einen breiten Strom. In der Kultur imitieren wir das dann gern, obwohl es um etwas ganz anderes geht: um Macht. Das

Große und Breite setzt sich auch hier letztlich oft durch. Der Salzburger Ökonom Leopold Kohr, der Lehrer E. F. Schumachers, war der eigentliche Vater des kulturellen Widerstands, den sein Schüler unter dem Slogan »small is beautiful« berühmt machte. Zu Recht wurde Kohr schon 1982 mit einem Ehrenpreis des »Right Livelihood Award« geehrt. Das Anthropozän hat diese Lektion nicht gelernt; es hat immer das Große, Vereinheitlichende, Differenzierung Vermeidende gefördert, die Hauptströme, nicht die Vielfalt der Rinnsale und kleinen Quellbäche, die nur hätten erhalten werden müssen.

Als im natürlichen Raum allmählich klar wurde, dass man hierbei übertreibt, wenn man den Ausbau, die Begradigung der Läufe, ja ihre Kanalisierung grundsätzlich als Fortschritt betreibt, wurde stellenweise eine Kehrtwende beschlossen und die Renaturierung als Reparaturtechnologie erfunden. Zuvor beseitigte Mäander und Flussschleifen werden nun teilweise wieder künstlich geschaffen. Die anthropozentrische Ideologie wirkt freilich anderswo – in der Natur an den meisten Bächen und Flüssen, in der Kultur fast überall – auch weiterhin; sie ist zwar geschwächt, aber immer noch stark. Vertiefung, Begradigung, ja Kanalisierung, das Prinzip, dass der Große den Kleinen schluckt, gilt unverändert als technologisches Standardrezept der Mehrheitsökonomie.

Heute gibt fast überall, besonders in Sprache, Trends, Moden und ihren Institutionen, das Hauptstromdenken den Ton an. Die größere Institution gilt in der Regel als die bessere, sprich stärkere, die Gewinnung von Macht prägt den kulturellen Fortschritt, den das Anthropozän anhaltend sucht. »Mainstreaming« ist die anglisierte Standardbeschreibung dieses Fortschritts, das kulturelle Gesicht der Gegenwart. Und woran liegt seine Beliebtheit? Es ist die Kraft des Populismus, der von Optimismus getriebenen Hoffnung, auf bequeme Weise mehr vom Kuchen abzubekommen: die Macht der Anerkennung, Zugehörigkeit zu einer trendsetzenden Gruppe, eine Zukunftsillusion. Das beginnt zwar oft mit dem Selbstverständnis einer Minderheit, aber diese kann sich schnell in eine Gruppe verwandeln, die eine Mehrheit anführen möchte. Und manchmal ist das auch der Fall. Viele Beispiele gibt es für die ungebrochene Kraft, die plötzlich von zunächst nur vermuteten Hauptströmen ausgehen kann: Moden, ob in der Kleidung, der Haartracht, Trends der Möblierung der Wohnung, der Architektur, im angesagten Verhalten, Vorlieben für Berufe und Hobbies, bei den bevorzugten sozialen Mustern, in der Wortwahl, den Gesten und Ausdrucksformen, nichtsprachlichen und sprachlichen. Auch in der Wissenschaft.

Die neueste Variante des Mainstreaming ist das sogenannte »Gendermainstreaming«, das teilweise auch den Feminismus beflügelt. Ich nehme es hin, weil die Frauen vom Anthropozän benachteiligt werden, aber ohne sie dessen Beendigung nicht möglich ist. Ohne die Kraft der feministischen Bewegung fehlte ein wichtiger Antreiber des nötigen Wandels. Aber ich lehne jeden Zwang für den allgemeinen Sprachgebrauch aus den gleichen Gründen ab wie jedes kulturelle Mainstreaming: Es ist vielfaltsfeindlich, machtorientiert, größenversessen. Es folgt den typisch anthropozentrisch-patriarchalischen Werten im Glauben, ohne eine Sprech- und Schreibveränderung sei die Dominanz der Männer nicht zu brechen. So wichtig auch die Sprache fürs Denken ist: ein Sprachmainstream bringt uns nicht zum richtigen Handeln in ethischen, sozialen oder politischen Fragen. Und darum geht es. Wer Wissen *ethiklos* definiert, ändert durch grammatikbegründete Mehrheitsbildung nichts. Vielfaltsbildung ist immer der bessere Weg.

Das Igelpaar, das im Märchen der Brüder Grimm den Hasen düpiert, betrügt ihn. Ein echter Sieg ist das nicht, sondern ein unlauterer Trick. Cleverness siegt, nicht Klugheit. Manchmal kommt mir die ganze Anthropozän-Wissenschaft so vor, als ob sie die eigene Mitwirkung am Katastrophenzeitalter nur schlau in der Ackerfurche versteckte, um sich desto mehr als Aufklärerin in Szene zu setzen. Wer die Nachteile dieser zukunftslosen Gegenwart jetzt so herausstreicht, wie es geschieht, genießt ihre begrenzten Vorteile immer noch und macht sich unglaubwürdig. Mehrheit und Vielfalt sind schlecht vereinbar.

Während ich dieses schreibe, rauscht gerade die durch klimabedingte Starkregenfälle zum todbringenden Fluss angeschwollene kleine Ahr durch ein friedliches Weinbergstal im Norden von Rheinland-Pfalz und reißt alles mit, was im Wege steht: ein Symbol für die Kehrseite des Anthropozän. So sieht keine Lösung aus. Die Zukunft setzt auf die verteilte Kraft der vielen kleinen Bäche und nicht den einen richtig starken Strom. Nur dort, wo er unvermeidbar ist, an jeder Einmündung in den nächstgrößeren Fluss, müssen wir damit umgehen lernen. Denn natürlich gibt es das Kleine und das Große. Weder ist das Kleinere immer das Bessere, noch das Größere immer das Stärkere. Das Große ist auch nicht automatisch das Schlechtere. Es geht darum zu differenzieren, wo groß sinnvoll ist und wo nicht. Bäche, Flüsse und Ströme gibt es nicht nur in der Landschaft, sondern auch in der immateriellen Welt der Gedanken. Als generelles Prinzip der Wissenskultur ist ein Mainstream untauglich, zukunftsunfähig. Er schleift alle scheinbar überflüssigen Ecken und Kanten ab, mutig ist das nicht. Er vernichtet Freiheit und Vielfalt, die Spielräume der Kreativität. Er bringt uns die Hoffnungsträgerin nicht zurück. Er versucht nur, »groß« und »stark« zu sein. Das ist zu wenig, halt Anthropozän.

8

Zu große Erwartungen

Über unzureichende Reformen und Joseph Weizenbaum

Bringt uns die Interdisziplinarität die Hoffnungsträgerin zurück?

Wie mängelbehaftet auch immer die anthropozentrische Wissenskultur ist: Ich verteidige ihre Wissenschaft gern gegen jeden Wissenschaftsverächter, welche Gründe er dafür auch anführen mag. Wissenschaftsverachtung ist immer von ideologischen Vorurteilen getrieben, religiösen, ästhetischen, politischen, ökonomischen oder sonstigen. Wenn wir schon die Chance haben, vernünftig zu handeln, müssen wir sie überall, wo es um Argumente geht, ergreifen. Wissenschaft ist dann immer besser als Nichtwissenschaft. Aber sie ist nicht die unverbesserliche Inkarnation der Vernunft, sondern nur eine Approximation. Sie muss selbst gegenüber ihrer Verbesserung offen sein. Deshalb sind Reformbemühungen immer sinnvoll.

Neben solchen Bemühungen, die bereits im Populismus oder als Etikettenschwindel geendet sind, gibt es weitere, die noch genannt werden müssen, wenn es um die Wiederbelebung des Leichnams der Hoffnungsträgerin geht. Denn es gibt natürlich auch Bestrebungen, die zwar ebenfalls dieses Ziel bisher verfehlen, aber keineswegs aus Bequemlichkeit oder billiger Anbiederung an beliebte Vereinfachungen, sondern eher im Gegenteil. Sie sind anspruchsvoll gestartet und haben ihre Potenziale bislang weder verraten noch ausgeschöpft. Zu ihnen gehört zweifellos die Interdisziplinarität. Sie erhielt erdweit einen Schub nach dem Ende des Zweiten Weltkriegs, das oft als Zeitenwende verstanden wurde.

Die ursprüngliche, einfache Idee von Interdisziplinarität beschränkte sie auf den Wirkungsbereich von benachbarten Fächern. Hieraus entstanden die sogenannten »Bindestrichdisziplinen« wie Biochemie, Umweltgeschichte oder Soziolinguistik, in deren Namen man zwar Bindestriche vergeblich sucht, die aber unmittelbar verständlich machen, wie wertvoll der Wegfall trennender Abgrenzungen zwischen Disziplinen sein kann, die am Rande ihrer traditionell separat fortgeführten Kernareale gemeinsame Interessenfelder besitzen. Hieraus entwickelte sich oft die Einsicht, dass es sich lohnen kann, auch Traditionen infrage zu stellen und gelegentlich sogar die Kernbegriffe der eigenen Disziplin in gewandelter Form neu zu bestimmen. Diese Form des Wandels wurde dann auch mit weiter entfernten Nachbarn ausprobiert und erzeugte bisweilen kreative Konstellationen. Heute gibt es auch fächerübergreifende, meist praxisorientierte interdisziplinäre Forschungsprojekte zwischen aufgeschlossenen Geistes-, Sozial- und Naturwissenschaftlern. Doch auch vielfach gesteigerte Interdisziplinarität macht es nicht grundsätzlich anders Dort wird nur aus der Bio-chemie, der Psycho-linguistik und der Umwelt-geschichte die biochemisch-psycholinguistisch aufbereitete Umweltgeschichte.

Freilich: Eine unüberwindbare Barriere selbst für noch so mutige interdisziplinäre Bemühungen ist dann gegeben, wenn sich Forscher bewusst auf Inhalte konzentrieren, die auch nach eigener Wahrnehmung nicht mehr von ihrer fachlich geprüften Teilkompetenz gedeckt werden. Warum sollten sie das tun? Weil sie existierende, aber verborgene Zusammenhänge nicht länger wegdrücken wollen. Hier liegt die Grenze der Möglichkeiten von Interdisziplinarität und es beginnt die Transdisziplinarität. Wie jede Grenze ist auch diese keine Ja-nein-Linie, sondern ein Übergangsraum. Nichts zeigt dies besser als die Selbstbeschreibung von »Gaia«, einer deutschen Wissenschaftszeitschrift, die zeitgemäß die englische Sprache präferiert, aber nicht strikt durchhält. Sie charakterisiert sich als »inter- and transdisciplinary journal for scientists and other interested parties concerned with the causes and analyses of environmental and sustainability problems and their solutions«. Man sieht daran, dass verbreitet die Unterschiede zwischen Inter- und Transdisziplinarität unklar bleiben. Doch auch wenn es keine scharfe Grenze zwischen Berg und Tal gibt, bleibt beides verschieden.

Zweifellos liegt noch viel bisher unausgeschöpftes Potenzial in der Interdisziplinarität. Sie selbst reicht jedoch nicht aus, uns die verlorene Hoffnungsträgerin wiederzubeschaffen. Es ist jener Übergangsraum zur Transdisziplinarität, der jene Perspektiven eröffnet. Man kann sich ihm nur verschließen oder öffnen. Die Interdisziplinarität selbst setzt dem falschen Glauben, die immer genauere Untersuchung der Teile sei besser als der Blick auf das Ganze, kein Ende. Es bringt uns nicht dem besseren Verständnis der vielen verborgenen Zusammenhänge näher, wenn wir einige davon nun mit der Lupe untersuchen. Deshalb wäre ein interdisziplinäres Zeitalter, das wir vielfach anstreben, zwar besser als das primitiv disziplinäre, das wir haben. Aber das Anthropozän wäre damit allein nicht zu besiegen. Denn es bliebe Flickschusterei, konzentriert auf immer mehr Teilbereiche, und beendete die endlose Spezialisierung nicht.

Immerhin, es wäre ein Fortschritt, wenn wir schon Interdisziplinarität als Normalfall hätten. Die Universitäten sähen anders aus, ihre Stellen- und Lehrpläne ebenfalls, wirklichkeitsnäher, beweglicher. An meinem langjährigen Arbeitsplatz Bielefeld gäbe es nicht nur das erfolgreiche ZiF, das Zentrum für interdisziplinäre Forschung, sondern wahrscheinlich auch eines für Bildung durch entsprechendes Lehren und Lernen, ein ZiB. Mein zeitweiliger anderer Arbeitsplatz, die Fakultät für das Studium fundamentale in Witten-Herdecke, war in der Lehre schon weiter, aber sie blieb dennoch ein Torso, unter anderem, weil dort die Forschung nicht mitkam. Doch so sehr auch eine konsequente interdisziplinäre Wissenschaft uns voranbringen könnte: die Rehabilitation der Ganzheiten, das bewusst gewollte Zusammenhangswissen brächte sie uns nicht. Entsprechend illusorisch bliebe die Rückkehr der Hoffnungsträgerin.

Sind Technologien eine Allheilmethode der Wissenschaft?

Älter noch als Interdisziplinarität ist die Entwicklung von Technologien. Sie stand am Beginn der Idee der Hoffnungsträgerin Wissenschaft. Insofern ist es verständlich, wenn heute viele Wissenschaft und Technologie in einem Atemzug nennen und hierin eine oder sogar *die* Zukunft der Wissenschaft sehen; Anführer wie Elon Musk zum Beispiel.

Wenn Technologien schon die Wissenschaft zur Hoffnungsträgerin gemacht haben, ist es naheliegend zu hoffen, wir könnten die Kraft dieser Perspektive noch einmal beleben, nachdem sie zwischenzeitlich durch unverantwortliches, lebensgefährliches Handeln geschwunden ist. Es ist denkbar, dass man hieraus gelernt hätte; nur man hat es nicht. Der Wissensbegriff wird heute genauso ethikfern definiert wie damals, die finanzielle Unterstützung der Forschung erfolgt oder unterbleibt genauso verantwortungslos wie früher nach dem Maßstab ökonomischer Rendite. Die Gentechnologie ist ein Beispiel dafür. Genetische Eingriffe in die Erbsubstanz scheinen eine biologische Ideallösung für viele Probleme zu sein, die wir sonst nur schwer in den Griff bekommen können. Aber niemand kann hiervon verlässlich die Gefahren abtrennen, die Schritte in dieser Richtung eröffnen können. Dies erinnert an die Erfahrung, die wir mit physikalischen und chemischen Methoden gemacht haben, die uns von drängenden Schwierigkeiten befreien sollten, weil wir sie anders nicht in den Griff bekommen haben. Die Entdeckung der Spaltbarkeit des Atomkerns schien das Energieproblem ein für allemal zu lösen, die Entdeckung der Potenziale der Chlorchemie hat uns zuvor nie aus der Natur gekannte Stoffe beschert: zwei Beispiele, der heute die Gentechnik als Drittes folgen könnte. Eine neue Hoffnungsträgerin aber wird nicht daraus, solange nicht eine Verantwortungsethik zur Wissenskultur gehört.

Sehr gefährlich, weil äußerst verlockend ist der Ruf nach technischen Lösungen für medizinische Probleme. Eine der neuesten Ideen, die in Australien bereits zu ersten Versuchsreihen geführt hat, ist die Anwendung der nobelpreisgekrönten Genschere Crispr-Cas zur Bekämpfung der Corona-Pandemie. Die aktuelle, sogar bisweilen todbringende Pandemie ist ein schlechter Ratgeber für weitreichende Grundsatzentscheidungen zur Frage von Wissen und Handeln. Aber sie ist zugleich ein verlockender Anlass, diese zu treffen. Auch die heutige industrialisierte Landwirtschaft, die unter erheblichem ökonomischen und ökologischen Druck steht, verfährt nach diesem Muster. Es ist bequemer als alle Alternativen, die mühevoller oder teurer sind. Dennoch kann man nur davon abraten, diesen scheinbar verlockenden Weg zu gehen, weil die Auswirkungen auf die ganze biologische Vielfalt völlig unkalkulierbar sind. Gegen die medizinisch induzierte Gentechnik spricht ihre fatale Vorbildwirkung. Sie verleitet zur Verallgemeinerung, obwohl vielleicht zunächst konkret nur ein individuelles Krankheitsschicksal betroffen wäre. Dennoch wird sich solch ein Weg kaum aufhalten lassen. Der vorschnelle Nobelpreis für Crispr-Cas: Deutlicher kann die Ethiklosigkeit der herrschenden Wissenskultur nicht demonstriert werden.

Tatsächlich gehört es zu den unverantwortlichen und daher überholten Narrativen des Anthropozän, dass für alle ernsthaften Probleme, die uns in der Gegenwart begegnen, eine technologische Lösung möglich ist. Die gegenwärtig beliebteste Denkfigur geht auf den österreichisch-amerikanischen Ökonomen Joseph Schumpeter zurück und gilt zurzeit unter dem Stichwort »disruption« im Silicon Valley als fast unentbehrlich zur Beschreibung der aktuellen Lage: »schöpferische Zerstörung«. Der Innovationspapst Clayton M. Christensen hat das ausgegraben, zum rationalen Kern der Technologieentwicklung aufgehübscht und amerikanisiert: man müsse eben zur Rettung des Fortschritts von Zeit zu Zeit die gefundenen Lösungen gezielt zerstören, um Raum für Neues zu schaffen. Es ist das Denken in »updates«: kleine Schritte in Stellen hinter dem Punkt, große mit der nächsten Zahl vor ihm. Das ist dann Disruption, die typische Anthropozändenke: Technologischer Fortschritt über alles, eine Zeitlang beschert er uns eine Fortschrittsillusion, dann räumt eine neue Technologie diese weg und neuer Fortschritt kann beginnen. Bis er wieder an sein Ende gelangt, und so weiter. Es ist die gleiche Denkfigur, die Thomas Kuhn zu seiner Theorie der Paradigmawechsel geführt hat. So geht angeblich Wissenschaft, Wirtschaft, Evolution, Erfolg, das Leben: eine Serie vorübergehender Illusionen. Deshalb brauchen wir auch keine Aufklärung 2.0, sondern den nichttechnologischen Neuansatz einer Neuen Aufklärung.

Dass Wirtschaft und Industrie da nicht so kritisch sind, verwundert nicht, handelt es sich bei Technologien doch um Handelswaren, die man verkaufen kann. Es ist diese ökonomiegestärkte Verallgemeinerung der Idee technologischer Lösungen, die wir aus Verantwortungsbewusstsein für die Zukunft des Lebens auf der Erde nicht weiterführen dürfen, sondern in der neuen Aufklärung, die wir vorantreiben, durch eine bescheidenere Wissenskultur ersetzen müssen. Als ideales Wissen darf nicht länger das vermeintlich gesicherte, endgültig bestätigte, zweifelsfreie Wissen gelten, sondern das grundsätzlich hypothetische, mit den besten verfügbaren Argumenten begründete, aber stets Zweifel erlaubende Wissen, das immer vorläufig bleibt. Solches Wissen ist immer vom Nichtwissen umgeben und dies lehrt eine andere Bescheidenheit als die Scheuklappenenge der Spezialisten.

Ein Grund, weshalb alle technologischen Lösungen nur Scheinlösungen sind, ist, dass Technologien nie auf »gute«, akzeptable Anwendungen beschränkt werden können, sondern immer auch dann zur Verfügung stehen, wenn sie jemand für das Gegenteil nutzen möchte. Zwar könnte man dem Missbrauch vielleicht noch in vielen Fällen ordnungsrechtlich begegnen, aber das Potenzial bliebe vorhanden. Die wahre Gefahr liegt jedoch im Nichtwissen, der Unkenntnis möglicher Folgen, an die keiner gedacht hat, weil man sie nicht kennen kann. Sie können sehr verschieden sein: Justus von Liebig hat, als er wohlmeinend den Kunstdünger erfand, nicht die ganzen Konsequenzen riesiger Agrarsteppen voraussehen können, Conrad Röntgen musste am eigenen ungeschützten Leib die Verstrahlung mit den neuentdeckten X-Strahlen erleben, und als Lise Meitner und Otto Hahn die Spaltbarkeit des Atomkerns entdeckten, haben sie allenfalls ahnen können, welche Konsequenzen Anwendungen ihrer Entdeckung haben würden. Die Beispiele zeigen, dass man differenzieren muss und die Lösung nicht in der Pauschalisierung besteht. Sie zeigen, dass Rationalität auch bedeuten muss, dass die Wissenschaft das Unerwartete, Nichtbeabsichtigte einkalkulieren und mit Ahnungen und Missbrauch umzugehen lernen muss. Auch dies haben wir bisher nicht gelernt; wir üben es nicht. Wir wissen nicht, was passieren könnte, wenn wir die Zusammenhänge nicht überschauen, die die noch unbekannte Wirklichkeit der Zukunft bereithält. Wenn wir hierin nicht vorsichtiger werden, fehlt der Hoffnungsträgerin noch ein wichtiges Stück Rationalität.

Deshalb ist es so dringlich, dass wir in Bildung und Forschung gerade dieses Zusammenhangswissen zu verbessern versuchen, welches das Anthropozän in seiner schlichten Baconschen Fixierung auf die Teilsichten sträflich vernachlässigt hat. Bezeichnenderweise hat es seine wissenschaftliche Zukunftssicht nur bis zur sogenannten »Technikfolgenabschätzung« gebracht, also einer Vorsichtsmaßnahme, die eigentlich eine Rücksichtsmaßnahme ist, denn sie soll mögliche Folgen von schon zumindest auf dem Papier entwickelten Technologien antizipieren. Abgesehen davon, dass dies nur selten faktisch praktiziert wird und als empirische Wissenschaft nur unzureichend funktionieren kann, ist es keine echte Vorsichtsmaßnahme. Dies ist der große Unterschied zum von Christine von Weizsäcker an Beispielen aus der Rationalität der Natur aufgedeckten Prinzip der Fehlerfreundlichkeit, einem der ersten, wichtigen Prinzipien des Gaiazän, der Mahnung, auf fehleranfällige, Lebensgefahren nicht ausschließende Technologien grundsätzlich zu verzichten. Wo dies schon früh absehbar ist, muss dies im Gaiazän prinzipiell gelten. Wo nicht, bleibt ein Restrisiko. Dieses kann auch ein Zeitalter der Fehlerfreundlichkeit nicht völlig ausschließen, immerhin aber minimieren. Es setzt auf Resilienz, auf Technologien, die unsere Fehler wegstecken und verkraften können. Doch auch dies ist keine binäre Ja-nein-Alternative, sondern eine amphibische Zone des Übergangs. Für einen Neustart der Hoffnungsträgerin ist es eine Minimalbedingung.

Rettet uns die Künstliche Intelligenz?

Die neueste Form der technologischen Problemlösung ist die sogenannte Künstliche Intelligenz (KI). Ihr wird heute fast alles zugetraut, so sehr versammeln sich Politik und Wirtschaft um sie. Clevere Fachvertreter wissen deren Angebote natürlich zu nutzen. Auf der Basis der ebenfalls nur zukunftsträchtig angesehenen Digitalisierung wird ihr die Lösung fast jedes wissenschaftlichen Problems zugetraut. Das betrifft die ohnehin beherrschende Tendenz, nur die angewandte Wissenschaft zu sehen und für wichtig zu nehmen. Aber das, was mir Strawson zum Abschluss unseres Besuchs bei ihm erzählt hat – Stichwort »Computer replaces philosopher« – zeigt, dass der Wunsch viel weiterreicht. Der Linguistik-Kollege, welcher die frühe KI an meiner Bielefelder Fakultät vertrat, war bei seiner Berufung noch der kleinste mit den wenigsten Mitarbeitern. Ein paar Jahre später war die Zahl seiner Mitarbeiter höher als die aller anderen. Alle Pläne des weiteren Fakultätsausbaus waren Makulatur durch eine von außen gesteuerte Personalentwicklung. Oberflächlich betrachtet mag der Erfolg einer künftigen neuen Hoffnungsträgerin so aussehen. Doch das ist wohl ein Irrtum.

Auch heute noch ist die KI – verglichen mit ihren hochgeschraubten Visionen – erst rudimentär gediehen. Wir können noch nicht abschließend sagen, was uns diese Technologie tatsächlich bringen wird. Doch ich glaube, dass sie uns die Hoffnungsträgerin wahrscheinlich nicht wiederbringen wird, weil Verantwortungsbewusstsein – jedenfalls bisher – nicht ein sie leitendes Prinzip ist. Und dies muss ein wichtiges Kriterium sein, wenn die Erde bewohnbar bleiben soll. Sollten dies nur noch Roboter sein, könnte sie so bleiben, wie sie ist: vermüllt, verarmt, zu heiß. Eine Technologie, die uns in ihren ambitioniertesten Zielen durch Technik ersetzen will, ist nicht fehlerfreundlich, sondern im Begriff, den Maximalfehler zu machen, den Wissenschaft machen kann: den Menschen und seine Würde abzuschaffen. Sie dürfte damit eher dazu geeignet sein, unsere Ängste vor unverantwortlicher Forschung zu verstärken. Denn Menschen sind zu Fehlern neigende Wesen; sie machen immer wieder Fehler und benötigen deshalb eine Wissenskultur, die das nicht übelnimmt.

Wir könnten sie fast schon haben. Das Anthropozän nimmt aber übel. Deshalb versucht es, Roboter zu bauen, die es besser können und den Menschen als Fehlerquelle auszuschalten versuchen. Pragmatismus ist dabei der sehr populäre Hebel, die bequeme automatische Sprachenübersetzung lullt unseren Argwohn ein. »Überall auf der Welt zuhause«: So lautet die Werbung für das neueste gadget, den 36-Sprachen-Übersetzer für die Hosentasche.

Typisch sind die Versuche mit sogenannten autonomen, d.h. fahrerlosen Autos. Sie verursachen immer wieder teilweise schwere Verkehrsunfälle. Die Konstrukteure sagen: Bedauerlich, aber das sind Prototypen. Die dort eingebaute KI muss und kann noch verbessert werden, auch die zugrunde liegende Digitalisierung hat noch nicht das nötige Format erreicht. Wenn nicht überhaupt der umgebende menschengesteuerte Verkehr die Quelle des Übels ist. Man setzt also auf die Zukunft, die Kreativität der Konstrukteure, die Perfektionierung der Digitalisierung und den angestrebten Wegfall des fehleranfälligen Menschenverkehrs. Wahrscheinlich ist aber alles davon falsch: die Hoffnung auf eine Kreativität, die Wissenschaft braucht, aber nicht übt und lehrt; die Hoffnung auf die Digitalisierung, die eher eine bequemlichkeitsgesteuerte Uralt- als eine Zukunftstechnologie ist; und die besonders verrückte Hoffnung von Menschen auf die Abschaffung des Menschen – nicht nur in Fahrzeugen, sondern überall.

Damit ist die KI selbst das widersprüchlich disziplingewordene, technologische Prinzip Hoffnung. Sie vertraut auf die Kreativität ihrer Forscher, um den kreativen Menschen abzuschaffen. Sie verlässt nicht das Anthropozän, sondern klammert sich an dessen bedrohlichste Vision, indem sie die Fehlerquelle Mensch möglichst ausblendet. Dies als Königsweg zur Wiedergeburt einer Hoffnungsträgerin auszugeben, wie es Stephen Hawking zuletzt propagierte, ist absurd.

Joseph Weizenbaum

Joseph Weizenbaum gilt als Begründer der KI und zugleich ihr ältester und härtester Kritiker. Ich habe immer seinen Mut bewundert, mit dem er seinen Wandel klar und vernehmlich kundgetan hat. Nach seiner Zeit am MIT in Boston/Massachusetts zog es ihn im Alter zurück ins heimatliche Brandenburg. Im niedersächsischen Osnabrück saß ich einmal 1996 unter den Zuhörern eines seiner Vorträge, in dem er skeptisch über das globale Dorf und die angebliche Wissensexplosion gesprochen hat. In der alten Backsteinkapelle im kleinen brandenburgischen Dorf Gröben, wo er in seinen letzten Jahren gelegentlich war, begegnete ich ihm viele Jahre später gewissermaßen postum noch einmal. Hermann Dieter hatte 2017 dorthin zu einem Konzert für Viola und Orgel eingeladen und unter den vielleicht vierzig Zuhörern, die gekommen waren, war – für mich – auch Joseph Weizenbaum. Ich stellte mir vor, dass jedenfalls sein Geist anwesend wäre und den schönen Altklang der Bratsche über dem harmonischen Fundament der in die Jahre gekommenen Kirchenorgel wie ich genoss. Der alte Herr dort hinten, mit den strähnigen grauen Haaren: So hatte er doch ausgesehen!

Während wir den Klängen lauschten, stellte ich mir vor, dies sei eine der Inseln der Vernunft im Cyberstrom, die er immer gesucht hatte, seit er in seine Heimat zurückgekehrt war. Die Musik der Bachschen Sonaten, etwas ganz anderes als die Wissenschaft und doch zutiefst rational, durchdacht, klar und schön, ähnelte dem, was wir beide vermissten: der Hoffnungsträgerin, dem Einklang von Wunsch und Wirklichkeit, der verloren gegangen war. *Jetzt arbeiteten wir beide daran, ein neues, lohnendes Ziel anzusteuern: jene Gaia-Inseln im Strom des versagenden Anthropozän.*

Auf jenen Inseln würde es auch noch KI-Forschung geben können, aber im Rahmen einer Verantwortungsethik. Dies kann keine Forschung sein, die völlig offen ist wie heute, denn die Reflexion auf die Frage der Verantwortlichkeit begleitet das Wissen im Gaiazän grundsätzlich. Das gilt für die Zusammenhangsforschung und für die Spezialforschung gleichermaßen, keinesfalls nur für die KI. Der KI ihre heutige, nicht rational zu begründende Aura als Bringerin einer lebenswerteren Welt zu nehmen, ist freilich alternativlos.

Jetzt, wo ich dieses schreibe, stelle ich mir vor, wie inakzeptabel die Gefangenen des Anthropozän diese meine Gedanken finden werden: subjektive schöne Hirngespinste, statt ernster pseudoobjektiver Fakten. Doch so sehr ich auch meine, dass Fakten ernst genommen werden müssen: Für Visionen braucht man Leitbilder und Joseph Weizenbaum ist noch immer für ein rationales Leitbild gut, das die Richtung auf Zukunftsfähigkeit zeigen kann. Der Rationalitätsbegriff seines Alters war besser durchdacht als der seiner vorausgegangenen Jahre, er war ein Ergebnis gewollten Hinzulernens. Er zeigt in eine Gegenrichtung zu der, deren erste Schritte Weizenbaum einst selbst getan hatte. Sie warnt vor möglichen Folgen, die nicht mehr so belanglos sein könnten wie bei »Eliza«, wo ein Computerkonstrukteur nur so tat, als sei sein Produkt intelligent. Über die schlauen Hasen, die den Igel übertölpeln, ging das nicht hinaus.

Freilich: Die Enkel- und Urenkelgeneration von Weizenbaum-Nachfolgern glaubt tatsächlich an ihre Finessen und versucht ernsthaft, jene Cyborgs zu entwickeln, die uns dereinst ersetzen könnten. Der tragische altgewordene Lovelock hofft auch auf sie, um die Erde zu retten. Für wen eigentlich? Dass unsere lebende Mitwelt es mit ihnen besser haben würde, ist bei der Rasanz ihres Verschwindens besonders unwahrscheinlich. Noch ist es zum Glück nicht so weit, aber die Feierlichkeit klingt bedrohlich, mit der die fiktionsverliebten Zukunftsforscher von diesen Zielen sprechen. Dies gilt auch für die Visionen des schon kurz nach seinem Erscheinen vielfach gelobten ganz neuen Buches »Gaian Systems« von Bruce Clark, in dem zwar vom Ende des Anthropozän gesprochen wird, aber Neokybernetik, NASA-Ziele, von Lynn Margulis inspirierte Ökologie und »changing zeitgeist« beredt zu einem wissenschaftlich kreuzbraven Zukunftsbrei zusammengerührt werden. Philosophisch ist daran nichts anspruchsvoll, aber Dummheit wird es auch im Gaiazän noch geben. Damit müssen wir wohl leben. Deshalb ist Vorsicht besser.

9

Es gibt eine universale Rationalität

Über noch nicht verbrauchte Chancen
und Christiane Busch-Lüty

Steht die Wissenschaft dem Demokratieprinzip entgegen?

In diesem Kapitel wird besonders deutlich, dass Mut erforderlich ist, wenn wir ernsthaft ein Gaiazän wollen: der Mut, unser Nichtwissen zu bekennen. Es geht nämlich um wirklich aktuelle Themen, bei denen wir nur so tun, als wüssten wir, wo es langgeht. Wir haben Ideen, das ist gut, aber die genauen Wege kennen wir gegenwärtig noch keinesfalls. Nur wenn wir dies zugeben und es ernst meinen, können wir weiterkommen. Dann sieht es ganz gut aus: Wir werden frei fürs Lernen. Und das ist notwendig.

Wir haben beispielsweise eine Demokratie, aber sie steckt noch in den Kinderschuhen. Es gibt hie und da ein Bewusstsein von der Notwendigkeit des Zusammenhangwissens, aber so richtig klar ist uns der Unterschied von Inter- und Transdisziplinarität immer noch nicht. Vollends fehlen Konzepte für transdisziplinäre Institutionen in der Wissenschaft. Und wie Globalisierung aussehen sollte, wie sie vor allem hergestellt werden könnte, damit dieser Begriff zu Recht gebraucht wird, ist nicht ausdiskutiert. Sich wirklich aufs Lernen einzulassen, ist gar nicht so einfach, wenn erst klar ist, dass es so wie bisher nicht weitergeht. Es ist selbst dann schwer, wenn uns im Grundsatz klar wird, was die neue Idee ist. Kreativität wird gebraucht und dafür benötigen wir neben Mut auch Zeit. Die aber ist sehr begrenzt, wenn wir die Gefahren ernst nehmen, in die uns das Anthropozän schon geführt hat. Auch die demokratischen Prozesse brauchen ihre Zeit.

Allein der Klimawandel könnte genügen, uns dies ins Bewusstsein zu rücken. Denn inzwischen werden seine Folgen auch in Europa an den zunehmenden Wetterextremen spürbar. Sie gehen ins Geld, deshalb merken wir's. Anderes, zum Beispiel die Verluste an Biodiversität, ist uns noch immer unverständlich. Sonst hätten wir den grassierenden Artenschwund, der uns umgibt, längst als das begriffen, was es ist: ein Verlust von weniger anpassungsfähigen Organismen, die wir benötigten. Sie melden uns rechtzeitig und kostenlos saubere Luft, trinkbares Wasser und nichtkontaminierten Boden. Doch vielleicht sind wir gar nicht so gewillt, dies wissen zu wollen. Vielleicht ist es nur unsere Bequemlichkeit, gar nicht hinzuzulernen, weil wir es vermeintlich nicht müssen. Andere Organismen opfern sich gewissermaßen vor und für uns und wir hätten noch die Chance, daraus zu lernen.

Auch die Demokratie ist noch nicht das, was ihr Name sagt. Beispielsweise denkt der englische Politikwissenschaftler David Runciman darüber nach, wie verändert die Demokratie im 21. Jahrhundert aussehen könnte. Auch das wäre nötig, denn auch sie ist bedroht, wenn sie nicht hinzulernt. Mehr durch Leute wie Mark Zuckerberg als Donald Trump. Die Wissenschaft hat es mit der Demokratie gar nicht erst versucht, aber ihre Ausrede – dass man über die Wahrheit nicht abstimmen könne – ist angesichts der vielen Mehrheitsbildungen im Anthropozän auch nicht überzeugend. Als ich dies einmal auf einer Podiumsdiskussion öffentlich beklagte, rief der bayerische Politikforscher Heinrich Oberreuter (der meine wissenschaftskritischen Ausführungen schon zuvor nur mit Ärger ertragen hatte) erregt dazwischen »*Nun behelligen Sie doch nicht die Wissenschaft auch noch mit der Demokratie!*« Ich fand dies unpassend, weil nirgendwo sonst Mehrheiten faktisch so wichtig genommen werden wie in den Schulrichtungen und

Zitierkartellen der professionellen Wissenschaft des Anthropozän. Wenn Narrative sich durchsetzen, dann tun sie es nicht, weil sie wahr sind, sondern sich eine Mehrheit derer, die sich einer Sache sicher sind, auf ihre Seite schlagen.

Bei der Demokratie sind dennoch viele unsicher, inwieweit die Wissenschaft von ihr überhaupt betroffen ist. Dies ist im Sinne der Vielfalt möglicher Meinungen nicht zu beanstanden. Sehr wohl kritisieren muss man aber die Position, die Rationalität der Wissenschaft sei eine andere als die Rationalität der Demokratie. Besonders wenn man berücksichtigt, dass die Demokratie noch nicht ausentwickelt ist, wirkt es fast irrational, für die Wissenschaft eine Ausnahme zu fordern. Deshalb ist die Suche nach Ausgleich extrem verschiedener Positionen, die weiterhin bestehen bleiben, im Sinne der Einheit der Gesellschaft vernünftig und muss auch ein Teil wissenschaftlicher Demokratie werden. Nicht also um die pur quantitative Mehrheitsbildung sollte es gehen, sondern um Vielfaltsanerkennung und Ausgleichssuche bei gefährlichen Machtgefällen. Fast überall wird dies immer notwendiger; extrem in den USA nach Trump.

Übergangsweise könnte etwas helfen, was mutige Politiker auf ihrem Feld schon ausprobieren: die sogenannte direkte Demokratie. Das ungelöste Problem des Verhältnisses von Wissenschaft und Zivilgesellschaft belastet die anthropozentrische Wissenskultur erheblich. Dies könnte durch Elemente der direkten Demokratie entspannt werden. Die Interessen der Zivilgesellschaft ernster zu nehmen als bisher, bewusst in wichtige Entscheidungsfindungen einzubeziehen und ihre kreativen Ideen ernst zu nehmen, statt sie weiter als Mitbetroffene zu übersehen, wäre eine gute Möglichkeit für eine lebendige wissenschaftliche Demokratie. Dem Einwand, dass auch im politischen Raum durch Aktionen der direkten Demokratie gelegentlich interessegelenkte Profiteure an Einfluss gewinnen, kann durch erheblich verstärkte Information entgegengewirkt werden; schwierige Naturschutzprojekte (wie die Wiederauswilderung regional ausgerotteter Arten) nutzen bessere Aufklärungsbemühungen ebenfalls. Die Schweizer haben mit beidem schon Erfahrungen gemacht. Das Handeln wird dadurch mühsamer, es braucht auch mehr Zeit, aber sie ist gut investiert. Wenn wir für das gesellschaftliche Zusammenleben eine demokratische Verfasstheit anstreben, können wir uns nicht in der Wissenschaft aus dieser ausklinken. Letztlich müssen wir statt der Demokratie der Mehrheit eine Demokratie der Vielfalt entwickeln. Die Politik hierbei zu beraten, wäre eine Aufgabe für die Wissenskultur des Gaiazän.

Christiane Busch-Lüty

In vollem Umfange eine wissenschaftliche Reformaufgabe ersten Ranges ist die Verwirklichung der Transdisziplinarität. Doch gerade sie beißt bei der anthropozentrischen Wissenskultur auf Granit. Dort, wo die Interdisziplinarität, die wir nur mit Mühe lernen, nicht mehr ausreicht, fängt sie erst an. Auch die echte Globalisierung, die die verlogene Globalisierung, die wir heute haben, ersetzen muss, erfordert die Mitwirkung der Wissenschaft, obwohl diese auch selbst durch sie verändert wird. Ich erzähle von einer Frau, die diese Ideen zeit ihres Lebens als Wissenschaftlerin verkörpert hat. Sie war immer auch eine kämpferische Demokratin.

Viele, die sie kannten, nannten Christiane Busch-Lüty die Mutter Courage der deutschen ökologischen Ökonomie. Als Professorin für Politische Ökonomie konnte sie an der extrem männerdominierten Universität der Bundeswehr in München nur mit Sachverstand und Courage sowie der ständigen Suche nach Ausgleichspositionen überleben. Beides brauchte sie auch, als sie –

immerhin selbst Vorstandsmitglied – gemeinsam mit dem Physiker Hans-Peter Dürr vor dem »Verein für Socialpolitik«, der traditionsreichen Standesvertretung der überwiegend konservativ denkenden und nicht auf Ausgleich bedachten deutschen Ökonomenelite, in einem schon legendär gewordenen Doppelvortrag im Jahre 1992 ein Umdenken einforderte: eine Provokation erster Güte, die sie das Vorstandsamt kostete. Deshalb musste sie nun anders weitermachen. Und dieser Neuanfang begann bei Hermann Graf Hatzfeldt, dem Lieblingsenkel der langjährigen ZEIT-Herausgeberin Marion Gräfin Dönhoff, in Crottorf, wo diese auch ihre letzte Ruhe gefunden hat.

Hatzfeldt ist einer der größten Waldbesitzer in Deutschland. Er war damals stolz darauf, dass sich ein Schwarzstorchpaar im alten Wald in der Nähe des Schlosses beim Örtchen Friesenhagen angesiedelt hatte, denn das war für ihn der unbestechliche Naturbeweis dafür, dass er in der Waldbewirtschaftung alles richtig machte. Bei einem späteren Treffen als dem, von dem ich hier erzählen will, kreiste es einmal hoch über uns, als wir alle im Freien saßen und gerade Hans-Peter Dürr sprach. Ich unterbrach ihn und zeigte nach oben. Hermann erklärte es den anderen: *»Das sind die Schwarzstörche, die mir sagen, dass unsere Form des ökologischen Waldbaus besser ist als das, was um uns herum meist geschieht«*. Alle sahen jetzt auf die beiden großen Vögel, die die meisten wohl noch nie live gesehen hatten.

Auf jenem Siegerländer Wasserschlösschen, wohin mich Hanns Langer eingeladen hatte, erlebte ich im Juli 1995 eine Art unerwarteter schneller Heilkur in der Gemeinschaft von vierzehn eingeladenen Vor-, Nach- und Querdenkern verschiedener Disziplinen um Hans-Peter Dürr, Christiane Busch-Lüty, Carl Böhret, Hans Immler, Beate Weber, Christian Leipold und Walter Stahel. Während Hans-Peter und Christiane die Diskussionen mit Fragen leiteten, trugen die anderen aus der Sicht ihrer Fächer

Aspekte bei, auf die jeder Einzelne nicht unbedingt kam. Auffällig war, dass es keine Tabus gab. Zwei Teilnehmer beeindruckten mich neben den beiden Gesprächsleitern besonders: der Karlsruher Politikwissenschaftler Carl Böhret, der höchst spannend über Verwaltungswissenschaft sprach, ein Thema, das ich für das langweiligste gehalten hätte, das ich mir denken konnte, und der Schweizer Walter Stahel, der das akademische Brimborium gar nicht schätzte und den ich deshalb gar nicht einordnen konnte.

Böhret zeigte uns, dass Verwaltung viel besser werden könnte als ihr Ruf, eine langweilig-umständliche Bürokratieveranstaltung zu sein. Es müssten nur Leute mit Ideen kommen und sie einfach zu dem umgestalten, was wir wirklich brauchen: eine Organisationsform komplexer Systeme, die mit nachhaltigen Prozessen arbeiten. Auf einmal erschien mir diese blöde Verwaltung an- und aufregend, eine vielseitige Veranstaltung für den kreativen Umgang mit schwer durchschaubaren Zusammenhängen auf verschiedenen Ebenen. Stahel sprach anscheinend über gefühlt alles; ich verstand ihn so wenig, wie ich einstmals Carl-Friedrich von Weizsäcker bei seinem Vortrag in Oxford verstanden hatte. Nur eines begriff ich: Hier war einer, der sich nicht von Disziplinen und ihren Vorschriften in seinem Denken behindern ließ. Er wurde später zu einem der international angesehensten Berater von Regierungen und Unternehmen, die aus der allgemein üblichen Wirtschaft der Materialverschwendung aus- und in eine nachhaltige Kreislaufwirtschaft einsteigen wollten. Er sprach wie ein Mensch von einem anderen Stern über Dinge, die mir zum Teil völlig fremd waren, zum Teil aber auch entfernt bekannt vorkamen. Nur worüber er genau sprach, blieb mir damals verschlossen, so wenig konnte ich mich an mir vertrauten Dingen festhalten.

Ich merkte: Hier bin ich – anders als bei meinen Professorenkollegen zuhause – unter Leute geraten, die alle nicht das hören wollten, was man aus den Lehrbüchern der einzelnen Fächer kannte. Sie sprachen Ideen aus, die uns weiterbringen sollten, auch wenn man nicht gleich alles verstand. Bei Dürrs Worten wäre niemand auf die Idee gekommen, dass er Quantenphysiker sein könnte und auch Christiane klang nicht nach Universität der Bundeswehr. Es war wie bei meinen guten Studenten zuhause in meinem Kreativseminar, nur war ich jetzt selber Student, Lehrer und Lerner zugleich. Wenn ich mir heute vorstelle, dass es damals vielleicht manchen anderen Teilnehmern ähnlich ergangen sein könnte wie mir – dass man wenig verstand, aber das Gefühl hatte, bei allem, was man hörte, zu lernen – läuft mir noch jetzt ein Schauer den Rücken herunter.

Als man dann von mir hören wollte, was ich zu sagen hätte, musste ich meinen ganzen Mut zusammennehmen. Dann aber beschrieb ich Kulturen als geistige Ökosysteme, die man ähnlich stören und ruinieren könne wie Meere oder Wälder. Ich nannte die Kulturen der Sprachen, die Wissenschaft und die Wirtschaft als Beispiele, und man hörte sogar mir zu und nicht etwa weg. Die mich sonst umgebende universitäre Realität blasierter Besserwisserei war wie fortgeblasen, bei der lehrende Lehrstuhlbesitzer zu lernenden Studierenden sprachen und Kollegen fast sichtlich die Ohren zuklappten, wenn einer sprach, den man nicht ernst nahm, weil er nicht die eigenen Klischees bediente. Ich versuchte, das in meinen Seminaren anders zu machen, was oft zum Argwohn von Kollegen führte, die mir immer mal wieder zu verstehen gaben, dass sie mein Verhalten als hart am Rande normaler Dienstpflichten ansahen. Gemeint war: jenseits des für sie Erträglichen. Tatsächlich haben sie später zum Ende meiner Beamtenlaufbahn ein Disziplinarverfahren gegen mich in Gang gebracht, das erst nach einem Jahr Quälerei eingestellt wurde. Hier auf Schloss Crottorf im Siegerland war die Stimmung ganz anders. Alle versuchten voneinander etwas zu lernen. Ich wünschte mir, so wäre es an jeder Universität.

War Crottorf die embryonale Urform der Transdisziplinären Universität?

Wenn eines die Gespräche in Crottorf beherrschte, dann war es der Wille aller Beteiligten, transdisziplinär zu denken und zu reden. Wenn anderswo nur die disziplinäre Kompetenz gefragt war: Hier ließ man etwas zu, ja suchte geradezu, was ich normalerweise schmerzlich vermisse in den Lehrplänen und der ganzen Universitätspraxis: das Bemühen um Kreativität. Eine Voraussetzung dafür war natürlich, dass niemand der hier Anwesenden sich noch um eine Stelle bemühen musste, weil alle auf ihren Gebieten etabliert waren (ich vielleicht am wenigsten). Sie konnten es sich leisten, über anderes zu sprechen als über das, was man normalerweise an ihren Institutionen von ihnen erwartete. Hier jedenfalls erwartete man es nicht, sondern hoffte auf Anregungen, wie man einiges anders sehen könnte, aus verändertem Blickwinkel, weiterführend. Vorschnelle Wahr-falsch-Urteile waren out; es gab sie nicht. Es war so selbstverständlich, dass jeder sich um kreative Beiträge bemühte, wie es für die meisten Personen an den üblichen Institutionen selbstverständlich ist, dass man solche möglichst vermeidet.

Ich fühlte mich in Crottorf wie in meinem eigenen Kreativseminar, nur mit dem Unterschied, dass ich auf einmal selbst einer meiner dortigen Schüler war und namhafte Kollegen begierig, von mir genauso ungewöhnliche, aber weiterführende Gedanken zu hören wie ich von ihnen. Vieles, was ich hörte, verstand ich nicht, aber es war so interessant, ja spannend und raumöffnend, dass ich unmerklich in den Bann einer aktuellen Form tiefrationalen sokratischen Dialogs gezogen wurde, bei dem hier meistens Busch-Lüty die Gesprächsleitung hatte. Manchmal aber übernahmen auch andere; sie wechselte ohne Verabredung und ohne

Zwang. Ab und zu war sie sogar bei mir. Man sprach über Dinge, von denen niemand bezweifelte, dass sie wichtig waren, aber niemand wusste, wie sie genau aussehen sollten. Dennoch lernten alle voneinander. Es war nicht, als ob Blinde über die Farbe sprechen, sondern eher, als ob Personen mit eingeschränktem Sehvermögen sich gegenseitig fortzuhelfen versuchen.

Das Thema, das immer wieder durchschien, wenn viele Arabesken über alle möglichen Nebenthemen durchgelaufen waren, war die Wirtschaft. Davon verstand ich damals noch fast nichts, denn es war mir fremd, es stieß mich sogar ab. Das änderte sich aber in diesen Stunden. Auch ich lernte neues Zutrauen zu meinen eigenen Gedanken zu haben, die Befreiung zur Transdisziplinarität fühlbar zu spüren und wie weltfremd die herrschende Ideologie der Wachstumsökonomik ist. Alle Anwesenden waren transdisziplinäre Denker. Bei Christiane und Hans-Peter habe ich das auch nach Crottorf noch viele Jahre miterleben dürfen.

Transdisziplinarität ist eine der noch nicht verbrauchten Chancen, die uns das Anthropozän vorenthält, obwohl man das Wort gerade jetzt viel im Munde führt. Bis ins Hirn gelangt es offenbar nicht, weil man es mit Interdisziplinarität verwechselt. Doch dort, wo sie wie damals in Crottorf ernsthaft versucht wird, beginnt das Gaiazän. Mit einem Male galt hier das Dritte zwischen wahr und falsch nicht mehr als ausgeschlossen, war Vielfalt so gewollt wie einst bei Occam, hatte der Zusammenhangszerhacker Bacon nichts mehr zu sagen und selbst die Heisenbergsche Rehabilitation der Unschärfe war normal und nicht bloß ein Thema für Physiker. Es ging um wirkliche Nachhaltigkeit, nicht nur das Reklamewort, Wissen war nicht mehr nur nutzenorientiert, sondern dasjenige, woran man glaubt, weil es vernünftig ist, auch wenn es nur hypothetisch gilt. Der Tellerrand, über den man normalerweise nicht blicken darf, wurde hier für zwei, drei Tage durch seine Abwesenheit sichtbar, weil alle ihn ignorierten wie etwas Hinderliches, Überflüssiges, das sie vorher gestört hatte und wahrscheinlich auch hinterher wieder stören würde.

Damals hatte ich meine ersten Ideen zur Gründung einer Transdisziplinären Universität. Die gewollt Interdisziplinären kannte ich zur Genüge; auch dieses bescheidenere Ziel verfehlen sie großenteils noch heute. Aber eine Transdisziplinäre Universität ist etwas ganz anderes. Nicht eine *venia legendi* – die überflüssige Bekräftigung einer Spezialistenkompetenz – würde sie verleihen, sondern die *venia discendi*, das endlich bekräftigte Zutrauen, frei fürs Hinzulernen zu sein: Das hatte ich mir immer gewünscht. Machen wir uns nichts vor: Wir wissen nicht genau, wie das geht, aber es geht. Hans-Peter, Christiane, weitere Personen und ich haben auf einer Konferenz an der Evangelischen Akademie in Tutzing schon im Jahr 2000 dem anwesenden Vertreter der Deutschen Forschungsgemeinschaft DFG vorgeschlagen, wenigstens eine zweite Gutachterreihe aus Leuten aufzubauen, die den Blick über den Tellerrand der Fächer möglich machen möchten. Es gibt sie, man muss nur nach ihnen suchen. Natürlich wurde das umgehend abgelehnt.

Hintergrund unseres Vorschlags war nicht nur, dass transdisziplinäre Anträge ernsthaft eine Chance bekommen sollten, sondern vor allem, dass wir nicht wenige Leute kannten, die diesen weiten Blick praktizierten, ungeachtet ihrer eigenen Fachbindung. Für sie ist er nichts gänzlich Ungewohntes, sondern eine zur Bewältigung vieler Probleme persönlich eingeübte Selbstverständlichkeit. Die meisten Probleme, die wichtigen zumal, sind fachfremd. Bei Alltagsproblemen gilt das im Prinzip für uns alle. Wenn wir Nachrichten im Radio hören, in die Stadt gehen, in den Urlaub fahren, wird unser vernachlässigter Sinn für die Zusammenhänge um uns herum aktiviert. Doch bei der Wissenschaft vergessen wir dies sofort, als ob es etwas Ungehöriges wäre. Den Blick über den Tellerrand zulassen, seine Stärkung erlauben, ja ihn wieder einzuüben: Das ist die wahre Herausforderung. Wir können Zusammenhänge; Transdisziplinarität können wir aber nicht unbedingt automatisch auch. Die Disziplinen, ihre Lehrbücher, die Universitäten, das Studium haben sie uns aberzogen, als irrational verboten, verkümmern lassen. Also lernen wir sie wieder!

Wir behandeln unseren Geist so ähnlich wie Spitzensportler ihren Körper: Die trainieren bestimmte Muskeln, die für ihre Sportart wichtig sind, andere lassen sie ziemlich unbeachtet. In Fitness-Studios gibt es viele Geräte für den Breitensport und das Training des ganzen Körpers. Bildung und Forschung sollten sich daran ein Beispiel nehmen und die Zusammenhänge erfassende Rationalität nicht länger vernachlässigen, sondern wieder zu benutzen lernen. Wir brauchen sie, um die Wissenskultur des Gaiazän aufzubauen. Wir können das, aber es ist ungeübt, durch Missachtung erschlafft. Besonders anfangs erfordert dies Mut, denn es gibt zweifellos viel Widerstand von Besserwissern, Gewohnheitsanbetern und Bequemlichkeitsaposteln. Der wirkliche Fortschritt und das wirkliche Glück liegen in der anarchischen Freiheit des Denkens und eines neuen Wissensbegriffs verantwortlichen Handelns. Solange wir dies nicht als normal empfinden, ist das Anthropozän noch nicht vorbei.

Wie könnte eine tatsächliche Globalisierung erreicht werden?

Ich wurde in Crottorf – ohne genau zu wissen, wie mir geschah – Mitgründer der »Vereinigung für ökologische Ökonomie«, die kurz darauf in Heidelberg unter der Schirmherrschaft der damaligen Oberbürgermeisterin Beate Weber aus der Taufe gehoben wurde. Solange Christiane ihr vorstand, war sie nicht nur ein Stachel im Fleisch der neoliberalen Marktwirtschaft, sondern auch der dazu passenden Wissenskultur des Anthropozän. Diese Frau blieb, auch nach ihrem Tode, für mich ein Vorbild. Bequemlichkeit war ihre Sache nie. Für Mut und Skepsis hat sie immer gekämpft wie eine Löwin. Unter der Heuchelei unserer falschen Globalisierung hat sie immer gelitten.

Denn sie sah deren historisch begründete, anerzogene Einseitigkeit bei ihren studierenden Offiziersanwärtern tagtäglich. Das Fehlen der Idee einer universalen Rationalität ist eine fast zwangsläufige Folge, weil unsere Schulen und Hochschulen die Entwicklung solcher Ideen und Fähigkeiten systematisch ausblenden. Es gehört Mut dazu, es trotzdem zu versuchen. Das Schreckgespenst des kulturellen Relativismus ist die Waffe, mit der unsere Bildungstradition ihre Einseitigkeiten verteidigt; das Forschungssystem folgt dem nur. Dabei droht gar kein Relativismus, wenn man die universale Rationalität verteidigt, welche jedem Baby in die Wiege gelegt ist. Die Freiheit der kulturellen Vielfalt wird dadurch nicht vernichtet, dass man normalerweise nur in einer Kultur aufwächst und lebt. Man kann andere dennoch respektieren und von ihnen lernen. Ein Bewusstsein für universale Rationalität ist auch nicht gleichbedeutend mit der Missachtung der eigenen Kultur, sondern mit der Achtung auch der anderen.

Aber wir haben dies bisher nicht gelernt. Wir blenden es aus, mit unserer logischen Verformung durch das digitale Wahr-falsch-Denken, bei dem es kein besser oder schlechter und erst recht keine Gerechtigkeit der kulturellen Weltsichten geben kann. Die anthropozentrische Ideologie verhindert es, dass wir sehen lernen, was als Schwäche der eigenen Position gelten könnte. Lieber schleppen wir insgeheim die logisch und ethisch fragwürdigen Resultate des europäischen Kolonialismus und Rassismus weiter fort, als dass wir zugeben, selber auch die kulturelle Vielfalt nach dem gleichen bequemen Einfachschema zu verurteilen, mit dem wir bereits die natürliche Vielfalt vernichten.

So, wie wir Transdisziplinarität noch lernen müssen, obwohl wir Zusammenhangswahrnehmung durchaus beherrschen und praktizieren (was nicht bedeutet, dass wir auch dies nicht noch verbessern könnten), so müssen wir echte Globalisierung noch denken lernen, indem wir uns den zumindest im Ansatz vorhandenen Respekt vor und die Achtung von anderen Kulturen erhalten und weiterentwickeln. Wir sind keinesfalls gezwungen, hierdurch zu Relativisten zu werden, denn wir gewinnen einen neuen Raum für das Verständnis der universalen Rationalität. Sie könnte uns vermitteln, dass es vernünftig wäre, den *Homo Deus* als Leitbild zu überwinden. Das »Projekt Globale Gesellschaft« zum Beispiel, das u. a. durch die Belinda-und-Bill-Gates-Stiftung unterstützt wird, ist ein Beitrag von und für Journalisten mit dem Ziel, die Einseitigkeit der anthropozentrischen Berichterstattung über die Chancen, die in der kulturellen Vielfalt liegen, aufzuarbeiten und zu beenden. Christiane Busch-Lüty spricht vielleicht darüber soeben mit Stefanie Hermann.

10

Drei wichtige Hoffnungsträgerinnen

Über die Akteure der Zukunft und Paul Feyerabend

Kann man das Gute nicht noch besser machen?

Viele sagen: Unsere Wissenschaft ist doch ziemlich gut. Wenn man darunter versteht, dass sie nicht ganz schlecht ist, stimme ich zu. Wenn Nichtwissenschaft die Alternative wäre, würde ich mich uneingeschränkt zu ihr bekennen. Doch wir sind zur Reflexion fähig.

Es gab Erdzeiten, in denen nur sprachenlose Wesen lebten. Auch heute gibt es solche noch. Sie schwimmen im Wandel der Realität mit, ohne diese beschreiben zu können. Sie sind sogar aktiv beteiligt an diesem Wandel. Auch in einer sprachlosen Welt gibt es Tatsachen und Akteure, aber es gibt keine Verantwortung für das, was geschieht oder nicht geschieht. Es gibt Ursachen und Folgen, aber niemanden, der dies reflektieren könnte. Dazu braucht es eine Sprache. Vögel haben auch viele kognitive Fähigkeiten, kommunikative sowieso. Sie verändern die sie umgebende Wirklichkeit, können dies auch wahrnehmen, darauf reagieren. Verantwortlich sind sie dafür nicht. Sie verhalten sich. Es ist die Sprachfähigkeit, die bei uns Menschen den Unterschied ausmacht. Sie ermöglicht Reflexion. Nur deshalb konnten wir die Wissenschaft entwickeln, freier werden, das Handeln lernen, alternative Ziele des Handelns ins Auge fassen.

Für die Entwicklung von Wissenschaft hätte es nur einer einzigen Sprache bedurft. Aber die kulturelle Evolution hat es sehr gut mit uns gemeint und immer mehr Kulturen und ihre Sprachen entwickelt. Deshalb können wir die Wirklichkeit aus verschiedenen Sprachperspektiven sehen. Wenn die heutige Wissenschaft meint, eine davon sei höchstentwickelt und insofern ausreichend, dann irrt sie. Sie nimmt weder linguistische, noch genetische, noch kulturelle oder ethische Fakten zur Kenntnis, weil diese eine Ideologie stören, an deren angenehme Selbstverständlichkeit wir Nachkommen der Wissenschaftsgründer uns inzwischen gewöhnt haben. Warum? Weil sie für diejenigen Vorteile bringt, die sich als die Gralshüter dieser bequem gewordenen Kultur fühlen.

Doch das reicht nicht. Die Anthropozän-Wissenschaft, die wir haben, ist nicht schlecht, aber doch schlecht genug, um immer noch besser werden zu können. Auch der Nobelpreis, die höchste Auszeichnung für einen Wissenschaftler im Anthropozän, trägt schon die Patina seiner Entstehungszeit: fachlich starr eingeschränkt statt offen für den Wissenswandel, Spezialisten heraushebend statt die Bedeutung der Ganzheiten endlich einzusehen, und in einer zivilen und gewünscht demokratischen Zeit immer noch von royaler Aura umweht. Der »alternative Nobelpreis«, der »Right Livelihood Award«, hat ihn deshalb längst an Bedeutung überholt. Jacob von Uexküll wollte eigentlich nur den Nobelpreis an die Gegenwart heranführen. Als man das ablehnte, entstand etwas viel Besseres: ein Preis für Frauen, Männer und Gruppen, die das Gaiazän vorwegnehmen. Dies zu tun, bedeutet mutig zu sein und die neue Wissenskultur vorzuleben. Ausnahmefälle gab es sogar schon früher.

Paul Feyerabend

Einer, der uns Zeit seines Lebens darauf hingestoßen hat, war der Wiener Paul Feyerabend. Ich habe ihn selbst nur flüchtig persönlich kennengelernt. Viele sehen ihn anders, aber ich möchte die Serie der Personen, die ich in den zehn Kapiteln dieses Buches vorstelle, mit ihm beschließen. Warum?

Weil er ein besonders herausragender Kämpfer fürs Gaiazän war. Er hat keine Gelegenheit ausgelassen, die Schwächen der anthropozentrischen Wissenschaft klar anzusprechen, so unmissverständlich, dass er selbst dadurch ins Zwielicht geriet, vielleicht nur ein unernster Kauz oder Krawallbruder zu sein. Er hat dies in Kauf genommen, wohl auch damit gespielt. Auf vielen Gebieten um sich herum sah er Belege dafür, dass wir nicht an dem Ziel angelangt waren, das die Mehrheit der Mitwissenschaftler ausgegeben hatte. Er hatte beide Namen nicht zur Verfügung, »Anthropozän« und »Gaiazän«, aber er brauchte sie nicht, um seine Verachtung fürs Erstere und seine Sehnsucht nach dem zweiten in Worte zu kleiden. Er tat dies hauptsächlich in zwei Sprachen: seiner Muttersprache und der am weitesten verbreiteten Fremdsprache, aber dies grenzte nicht seinen Blickwinkel auf die Kulturen der Erde ein wie bei vielen anderen, auch anderen Philosophen. Das Dritte war bei ihm nie ausgeschlossen, sondern für ihn immer interessanter, ja wichtiger als nur das imaginäre Wahre und das omnipräsente Falsche.

Ich habe Feyerabend spät schätzen gelernt, denn die Analytischen Philosophen, die meine Ausbildung beherrscht haben, mochten ihn gar nicht: zuwenig Ernsthaftigkeit, zuviel Wiener Schmäh, zuwenig Kollegialität, zuviel Selberdenken, zuviel Kritik an und zuwenig Bekenntnis zur Großartigkeit der Wissenschaft. Dafür manche Grobheit, die Lust an der Übertreibung. Der Wissenschaftsphilosoph Stegmüller hat ihn nie verstanden. Wer Vorträge zur Frage hält, ob vielleicht die Wissenschaftstheorie eine noch unerforschte Form des Irrsinns sei und auf die Frage, wem sie nütze, antwortet: den Wissenschaftstheoretikern natürlich!, dem konnte er nichts abgewinnen. Anthropozänfreunde haben diese Radikalität Feyerabends Anarchismus genannt. Es war nur Freiheitsliebe.

1968 habe ich ihn selbst im Rahmen der Berliner Studentenproteste gesehen und mit ihm sprechen können. Da merkte ich, dass hier einer war, der etwas sehr Wichtiges tat, was diejenigen, die bisher sein Bild bei mir geformt hatten, nicht taten: Wunsch und Wirklichkeit zu unterscheiden und vom kritischen Argumentieren die uns allenthalben umgebende Wissenschaft nicht auszunehmen. Mir wurde damals langsam klar, dass die Wissenschaft des Anthropozän tatsächlich keine Hoffnungsträgerin mehr ist, sondern nur eine europäisch-nordamerikanische Wissenskultur propagiert, die sich mit großem Aplomb in viele Sackgassen verlaufen hat. Ohne die anarchische Phantasie à la Feyerabend oder Crottorf kann die Wiederbelebung der Hoffnungsträgerin nicht gelingen.

Auch die europäisch-amerikanische Wissenskultur hat uns schon ein Stück aus der Unmündigkeit herausgeholfen und hilft uns vielleicht auch noch wenige Jahre weiter, aber nur einigen von uns und definitiv nicht dem inzwischen von uns bedrohten Leben unserer Mitlebewesen. Auch nicht den inzwischen ebenfalls existenzbedrohten Errungenschaften der kognitiven Evolution, allen voran dem Erhalt des Reichtums der vielen natürlichen Sprachen und Kulturen. Dass dies alles Frühwarnsysteme sind, haben wir immer noch nicht verstanden. Ganz zukunftslos sind wir nicht. Dennoch rennen wir dem Trugbild hinterher, die beste Kultur von allen zu besitzen und scheitern mit ihrem Export immer wieder; wie aktuell jetzt erneut in Afghanistan.

Die Wissenschaft wird in der Hoffnung versprühenden Rolle gebraucht, wenn die Erde wieder zukunftsfähig werden soll. Wir sollten uns von Leuten wie Feyerabend dabei helfen lassen, dieses Ziel im Rahmen des neuen Gaiazän zu erreichen, statt die Leiche des Anthropozän immer weiter künstlich zu beatmen. Die meisten der Ideen, die als Aufputschmittel schon ausprobiert wurden, sind ausgelutscht, verbraucht, haben versagt. Einige komplett, andere teilweise. Mindestens drei haben wir gefunden, die noch nicht ganz ausgelaugt sind, sie sind noch entwicklungsfähig. Aber eben auch entwicklungsbedürftig. Hierfür ist Kreativität vonnöten, Mangelware im Anthropozän, vorhanden, aber mangelhaft erklärt, nur oberflächlich gefördert, oft behindert.

Doch wir brauchen auch Kraft. Wir brauchen handelnde Personen, Gruppen, Akteure, die voller Erfahrungen und Tatendrang stecken, Ideen, auch unausgereiften, aber sie selbst überzeugenden, mit großer Energie, die sie antreibt. Nochmal drei fallen mir ein: die Frauen, die Zivilgesellschaften und die indigenen Kulturen der Erde. Die Reihenfolge ist nicht zufällig. Sie entspricht einer Zunahme der Schwierigkeiten, die noch überwunden werden müssen. Es gibt zum Glück sogar jene Institution, die bei allen diesen Akteuren so klug war, bereits einige Individuen, Gruppen und Völker für ihre mutige Pionierrolle zu ehren, die sie gegen viele Widerstände eingenommen und über lange Zeit durchgehalten haben: den »Right Livelihood Award«, den »Alternativen Nobelpreis«. Ich halte mich an ihn, wenn es um Beispiele geht.

Akteurin 1: Nach den Männern jetzt die Frauen?

Frauen sind Akteurinnen, die im Anthropozän und seiner Wissenschaft nie so Gehör finden, wie es ihrer Rolle als Hälfte der Menschheit entspricht. Obwohl auch ihre Weltsicht höchst unterschiedlich sein kann, ist sie doch viel stärker mit der Entstehung, der Reifung, dem Energiebedarf, den Bedrohungen und der Alterung des Lebens verbunden als bei den bloß kurz Samen spendenden Männern. Dennoch haben diese im Anthropozän durchweg die Regie übernommen. Wenn es gelänge, die Kraft und die

Verantwortung der Frauen wesentlich stärker in der Wissenschaft zur Geltung zu bringen und entsprechend die heute dominierende Rolle der Männer auf Normalmaß zu reduzieren, könnte dies die herrschende Ideologie erheblich schwächen. Ihre Maschinisierung arbeitet eher am Gegenteil.

Der Feminismus hat gemessen an seinen Anfängen sehr an Kraft gewonnen. Von den drei Akteursgruppen, die ich sehe, sind die Frauen die einzige, die eine Bewegung geschaffen haben, die sie trägt und auch intern wiederum vielfältig ist. Dies muss genutzt werden, denn die Beharrungskräfte des Anthropozän sind stark. Viele der vergleichsweise wenigen Frauen, die bisher in der Wissenschaft Einfluss gewonnen haben, haben dies erreicht, weil sie die Unarten der Männer kopiert und genau wie jene zur Geltung gebracht haben. Die berühmte italienische Virologin Ilaria Capua sagte in einem Interview, das sie aus Anlass der Coronakrise gab, auf die Frage *Was muss man am akademischen System ändern, dass die Hälfte der Menschheit teilhaben kann?* Folgendes: »*Darauf habe ich keine intelligente Antwort. Weil die Wahrheit ist: Es ist wirklich schwierig. Kämpfernaturen schaffen es irgendwie. Zerbrechlichere Frauen, selbst klügere als ich, gehen unterwegs verloren. Ein schlauer Mann schafft es, ein mittelmäßiger Mann auch. Als Frau muss man ein Drache sein. Das will ich nicht!*«

Dieses Buch nimmt sich das akademische System vor. Wir können gut auch solche Drachen ertragen, wenn sich sonst nichts ändert. Männerdrachen gibt es ohnehin mehr als genug. Doch es gibt auch die Frauen, die zu Gaiazän-Vorbildern mitten im Anthropozän geworden sind. Der »Right Livelihood Award« ist beispielsweise schon früh an Vandana Shiva verliehen worden, gewiss kein weiblicher Drache, eine Ikone der Frauenbewegung und einer Wissenskultur, die für neue Horizonte offen ist. Sie bringt die Erfahrungen der indischen Lebenssichten in die aktuelle Diskussion mit ein, bei uns nie gelernte Teile der universalen

Rationalität. Wahrscheinlich war es das, was auch Weizsäcker in Oxford angedeutet hat.

Viele andere Vorkämpferinnen des Gaiazän sind mit jenem Preis geehrt worden, obwohl die Zahl der Männer selbst hier dominiert: etwa die Afrikanerin Wangari Mathai für die Gründung des »Green Belt Movement«, die Deutsche Petra Kelly für eine mutige neue Politik, die erstmals entschieden das Umweltthema ganz nach vorn schob, die kenianische Friedensaktivistin Dekha Ibrahim Abdi für ihre ethnischen und religiösen Bemühungen um Ausgleich und Kooperation, die Norwegerin Helena Norberg-Hodge für ihre transkulturellen Tourismusideen, die Amerikanerin Frances Moore Lappé für ihre Entlarvung der Ursachen des erdweiten Hungers, die Schwedische Kinderbuchautorin Astrid Lindgren für ihren pädagogischen Einsatz für Gerechtigkeit und Gewaltfreiheit, die Amerikanerinnen Mary und Carie Dann für ihren Kampf gegen Nuklartests in Nevada und die Rechte der Western Shoshone-Indianer. Und viele andere Frauen. Alle machten die Vielfalt der universalen Rationalität sichtbarer.

Hierfür lohnt sich der Kampf der Frauen. Gendermainstreaming ist nur eine seiner Facetten. Es kämpft zu verbissen an der sprachlichen Oberfläche, als dass es allgemeinverbindlich sein könnte. Wer so reden oder schreiben will, soll es tun.

Akteurin 2: Was wären die Institutionen ohne die Zivilgesellschaft?

Die Zivilgesellschaft ist überall, wo es sie gibt, die zentrale, unverzichtbare Akteurin der Beendigung des Anthropozän und seiner Überführung ins Gaiazän. Ohne sie sind Frauen und Männer hilflos. Der Aufbau einer zivilgesellschaftlichen Handlungsebene geht allem anderen voraus. Wo es sie noch nicht gibt, muss sie erst mit Vorrang entstehen. Das ist oft schwierig, weil die Machtinteressen von herrschenden Cliquen oder Überlieferungen dagegen stehen, aber es ist meistens möglich. Sogar in totalitären Staaten können sich Inseln bilden, die sich langsam vergrößern. Zuerst sind es einzelne Personen, sie finden Freunde, es werden Gruppen, und der Widerstand gegen die herrschende Ideologie und ihre Repräsentanten schweißt sie zusammen. Ihre Ideen bilden die Grundlage ihrer wachsenden Kraft: sich und andere zu befreien, indem neue Identitäten entstehen, nicht nur die alten, die die Propaganda der Herrschenden als verbindlich vorgibt. Ihre Kreativität, ihr Ideenreichtum, ist die Quelle dieses Wachstums, auch wenn ihre Stärke zunächst noch gering ist. So lange es zugelassen wird, ist ihre weitere Kräftigung möglich und alternativlos. Allerdings haben undemokratische Regime auch die Macht, diese zarten Pflänzchen jederzeit zu zertreten. Im Umkehrschluss ist dies das zentrale Argument für die Demokratie.

Die Dissidenten der ehemaligen DDR wussten dies. Im »Lob der Laien« habe ich von meiner posthumen Begegnung mit Jürgen Fuchs erzählt. Meine Berufung an die Fakultät für das Studium Fundamentale der ersten deutschen Privatuniversität in Witten-Herdecke – wo an den meisten Türen nichts Wissenschaftliches, sondern »Fund Raising« stand – bestärkte meine institutionelle Ernüchterung, dass auch die demokratische BRD in zivilgesellschaftlicher Hinsicht noch Nachholbedarf hat. Es gibt im Anthropozän fast überall genügend Helfer, die in der Bekräftigung des Status quo ihre Aufgabe sehen. Sinnvoll ist dies nur dort, wo der Status quo es wert ist, gekräftigt zu werden, beispielsweise bei der Meinungsfreiheit. Oft ist das Gegenteil der Fall. Die Wissenschaft, auch die professionelle, zieht heute meist den Kürzeren gegen die Interessen von Wirtschaft und Industrie. Daher ist schon sie kräftigungsbedürftig gegenüber den wirklichen Machthabern.

Ich zögere übrigens, für diese Keimzellen des Widerstands gegen die Bequemlichkeit des Weiterso den Namen »Querdenker« zu benutzen, der mir früher immer als Ehrenname erschienen ist. Er ist zurzeit besudelt von Verantwortungsflüchtern und Rechtsauslegern, die ihn geschickt für ihre dumpfen Zwecke gekapert haben. Ich hoffe, dass diese raffinierte Reklameaktion den lange Zeit für kritische Rationalität stehenden Begriff nur vorübergehend unbrauchbar macht. Gegenwärtig steht er leider für das Gegenteil, für realitätsblinde Kämpfer gegen den Mut zu mehr Rationalität, zu dem bisweilen auch moderate Einschränkungen und bewusste Bescheidenheit gehören.

Auch traditionelle Religionen, Sozialhierarchien, Kastendenken und Geschlechtsrollen wirken hierbei mit. Der »Right Livelihood Award« ist schon mehreren würdigen Repräsentanten von verschiedenen Zivilgesellschaften verliehen worden, die hiergegen gekämpft haben. Die Verleihung des Preises an Vandana Shiva war mehr als die Ehrung einer Frau. Es war auch eine Anerkennung dafür, was sie beim Aufbau einer zivilen Gesellschaft in Indien getan hatte. Es ist sehr auffällig, wie viele Ehrungen zivilgesellschaftlicher Initiativen schon in den frühen Jahren des Award in den indischen Kulturraum gegangen sind, beispielsweise an die Ladakh Ecological Development Group für die Bewahrung der traditionellen Kultur und ihrer durch Tourismus und ökonomische Entwicklung bedrohten Werte, den indischen Arzt Hanumappa Reddy Sudarshan, der mit seiner Vivekananda Girijana Kalyana Surhana-Bewegung die Grundrechte der indigenen Kulturen stärkt, oder den telugusprechenden Hinduaktivisten Svami Aignesh und den islamischen Theologen Asghar Ali Engeneer, die für Toleranz unter den asiatischen Religionen streiten.

Im Zentrum Europas ist die Zivilgesellschaft zwar heute kein Wunschbild mehr, aber sie ist dennoch auch hier eine immer noch nur eingeschränkt handlungsfähige Größe. Das liegt am Ausmaß der Macht der Gegeninteressen, dem Geldmangel, aber auch an der Zersplitterung der zivilgesellschaftlichen Interessen selbst. Die Bildung einfacher, formal und juristisch wenig aufwendiger Institutionen ist deshalb im Rahmen der geltenden Verfassungen oft das fast einzige Mittel, die zivilgesellschaftliche Handlungsebene zu stärken: Bürgerinitiativen und anlassbezogene Bewegungen, später auch Vereine und Stiftungen, sind demokratisch mögliche, teilweise sogar geförderte institutionelle Elemente des Versuchs, den Einfluss der Zivilgesellschaft punktuell zu günstigen Zeiten und an günstigen Orten zu stärken.

Ich bin Rupert Graf Strachwitz bis heute dankbar dafür, dass er mich schon 1998 in seine intime Münchner Brotbrockenrunde eingeladen hat, bei der Christiane Busch-Lüty die einzige Frau war und ich besonderen Respekt vor dem Biologen Wolfgang Haber hatte, der damals – wenn ich das so sagen darf – Deutschlands Oberökologe war. Dort Batesons »ecology of mind« und meine Kulturökologie zu verteidigen, war für mich nicht leicht, aber notwendig. Als es gelang, gab mir dies neue Kraft für meine Engagements zur Stärkung der Ökologischen Ökonomik, der Naturwissenschaftlichen Vereinigungen und der Kulturkritiker auf anderen Gebieten. Jene Runde war die Keimzelle für Strachwitz' Maecenata Institut für Philanthropie und Zivilgesellschaft in Deutschland und diese steht dadurch nicht mehr ganz so hilflos da wie früher.

Dennoch ist die weitere Stützung und Erneuerung der Zivilgesellschaft auch hierzulande zweifellos nötig. Selbst die herrschende Wissenskultur wird nur dort gehört, wo sie inhaltlich und thematisch Wirtschaft und Industrie in die Hände spielt. Überall dort, wo dieser Kopplung Kritik und Kontrolle droht, ist auch die Wissenschaft bei zu geringer zivilgesellschaftlicher Unterstützung chancenlos. Erst recht gilt dies für die Absage an die Ideologie dieses Zeitalters und den angestrebten Übergang ins Gaiazän. Nur mit einer weiter gestärkten Zivilgesellschaft kann er gelingen. Auch der Durchbruch der seinerzeit als positiv empfundenen Ideen Bacons zu Glück und Fortschritt in den Gesellschaften Englands und auf dem europäischen Kontinent wäre ohne den starken Rückhalt dieser Reformbemühungen in den durch die Industrialisierung provozierten frühen Arbeiterbewegungen nicht erfolgt. Damals keimte die Hoffnung auf die Wissenschaft als zukunftssichernde Kraft. Jetzt, wo dieser erste Hoffnungsschub geschwunden ist, ruht sie voll auf einer weiteren Stärkung der Zivilgesellschaft.

Akteurin 3: Wie viel wert ist Rationalität ohne die gedemütigten indigenen Kulturen?

Die Antwort auf diese Frage lautet: Nichts. Deshalb bekommt diese Akteurin hier den meisten Raum. Wir finden Rationalität und Realitätssinn auf der ganzen Erde, aber in verschiedenen Formen. Beides gehört zusammen; es ist eine natürliche Mitgift des menschlichen Genoms. Ich glaube, dass man die bisherige wissenschaftliche Forschung in Genetik und Linguistik so interpretieren darf. Ich vertraue ihr, insofern sie sich – trotz aller Hochspezialisierung – auch im Anthropozän um beides ernsthaft bemüht. Ein Rest an Misstrauen bleibt. Im Gaiazän ist er unvermeidlich, weil die Wissenschaft des Anthropozän bisweilen zu leichtfertig mit Tatsachen umging. Wahrscheinlich gehören auch Irrationalität und die Neigung zur Verdrängung der Wirklichkeit zur natürlichen Mitgift. Wenn ich dies vorsichtig formuliere, dann deshalb, weil volatile kulturelle Kräfte auf die weitere Entwicklung des Erbguts im neugeborenen Menschen einwirken. Gläubige der anthropozentrischen Wissenschaft mögen diese Differenzierung in der Beurteilung von Tatsachen lächerlich finden; ich sehe hier Fehlermöglichkeiten, die sich vermeiden lassen.

Irrationalität und Wirklichkeitsverlust sind ebenso wenig nur Exporte aus Europa oder dem Okzident, wie das Gegenteil. Überall wird unsere genetische Mitgift von den Müttern und Vätern an zusätzliche Personen und traditionelle Erziehungssysteme verteilt, die dann die kulturellen Besonderheiten weiterreichen. Diese sind nicht immer erhaltenswert. Ich kenne aber keine Kultur, die so sorglos und zukunftsblind mit der Ausbeutung der Erde, der Existenzschädigung der natürlichen Vielfalt und den Grenzen der Regenerationsfähigkeit ihrer energetischen und kreativen Potenziale umgeht wie die anthropozentrische. Sie hat europäische Wurzeln, wird zurzeit besonders gefördert im Norden Amerikas und hat mittlerweile medial fast alle anderen Kulturen erfasst und verändert. Manche, die es anders könnten, geben sogar den Musterschüler des Musterschülers.

Dies macht es besonders schwer, heute von den Indigenen noch zu lernen. Wenn uns womöglich die Eingeborenen der Osterinseln im chinagefertigten Hemd und mit einem Mobiltelefon aus Cupertino entgegentreten, scheint jeder Appell an indigene Kulturen weltfremd zu sein. Dies ist aber nicht der Fall; es macht die Sache nur schwieriger. Die Racherituale der Indianer mit Skalpierung und Marterpfahl gab es wirklich, aber erst unsere christliche Moralbrille lässt sie besonders grausam erscheinen.

Es ist diese Schwierigkeit, selbst den eigenen Horizont einschätzen zu können, die das Anthropozän meidet, weil es ihr nicht gewachsen ist. Wie alle Ideologien trübt es die Wahrnehmung. Deshalb flüchtet es sich in vermeintliche Gewissheit und die Bequemlichkeit, die indigenen Völker als mögliche Lehrer einfach zu ignorieren. Wir haben aber Chancen, diesen Fallen immer noch zu entgehen. Dafür benötigen wir den Mut zu differenzieren, wieder Vielfalt wahrzunehmen, auch wo sie nur noch in Resten sichtbar ist. Es sind diese Reste, die erhalten zu werden verdienen, weil die alte Aufklärung sich nicht genügend um sie bemüht hat. Überall, auch in der Natur, geht die Erhaltung der Reste vor. Wozu?

Nicht etwa nur für eine Art moralischer Wiedergutmachung; die kann nie ausreichend sein. Sondern auch, weil es schlicht unklug ist, wie indigene Blickweisen auf Realität und Rationalität durch unsere europäisch beschränkte Aufklärung zu Unrecht marginalisiert und abgewertet wurden. Wir wahrheitsvernarrten Rechthaber haben tatsächlich in unserer eingebildeten Weisheit auf das Zerlegen in Stücke gesetzt, wo wir auch auf Zusammenhänge hätten setzen und das Dritte nicht ausschließen sollen. Unzureichend war und ist noch immer die Spezialisierung des Blicks auf die Wirklichkeit, indem wir wie mit einer Lupe nur einen Ausschnitt vergrößern, anstatt sie auch als ein Ganzes wahrzunehmen (auch wenn es nur die ganze Erde ist). Wir haben uns an die Auffassung lediglich gewöhnt, dass Wissenschaft immer nur Teilperspektiven verfolgen kann. Dabei ist das nichts anderes als ein massives Vorurteil, ein Realitätsverlust.

Die indigenen Völker der Erde und ihre Kulturen haben den teuersten Preis hierfür bezahlen müssen: den Preis der angeblichen Zurückgebliebenheit und Armut im Vergleich mit den in der Selbsteinschätzung vermeintlich hochentwickelten, gebildeten und reichen Gewinnernationen. Dabei ist dies nur das Ergebnis makabrer Fehlurteile Letzterer und einer Geschichte voller Ungerechtigkeiten und grausamer Taten. Unsere eigene Glaubens- und Wissenskultur ist nicht besser oder differenzierter als die der von uns abgewerteten und verachteten Indigenen, sie ist in rationaler Hinsicht aber besonders einseitig entwickelt. Sie hat viele anderswo ebenso oder weiter entwickelte Facetten der Rationalität – wie Kreativität, Phantasie, Lebensnähe, Wirklichkeitssinn, Konkretheit, Empathie, selbst Gerechtigkeit – vernachlässigt und ist moralisch weniger vorbildhaft und begrifflich schmaler auf Abstraktionen hin entwickelt worden als manche Kulturen jenseits unseres Horizonts. Sie ist ökonomisch hochspezialisiert, aber ethisch indifferent, weil sie die Rolle des Individuums höher stellt als die Bewahrung der Vielfalt des Lebens.

Welche Fragen und Belege haben wir?

Warum beeindrucken uns Personen wie Vandana Shiva, Mahatma Gandhi oder Nelson Mandela so stark? Gewiss haben sie alle eine bevorzugte, westlich beeinflusste Erziehung genossen, aber die Werte, denen sie folgten, waren doch zu wichtigen Teilen anderen Ursprungs. Warum war ein cleverer Abenteuererfinder wie Karl May so von den sogenannten Indianern fasziniert, dass seine zusammenphantasierten Romane mit ihren geschönten Helden noch heute Verkaufsschlager sind? Es war nicht nur Sentimentalität, es war auch berechtigte Bewunderung. Wie konnten sehr frühe Hochkulturen bei den mittelamerikanischen Mayas im mexikanischen Chiapas, in Guatemala, auf Yucatan entstehen, viel spätere und ausgedehntere bei den südamerikanischen Inkas zwischen dem heutigen Chile und Peru, wenn sie doch in der amerikanischen Wildnis lebten? Weil dort auch andere Kräfte der Rationalität gebraucht und entwickelt wurden als bei uns. Wie konnte Konfuzius im fernsten Osten Asiens solche Weisheiten aussprechen wie über das Gleichgewicht zwischen Licht und Schatten, Mann und Frau, Yin und Yang? Weil in der dortigen Welt das rationale Bemühen um Balance wichtig war und gelernt wurde. Wie kann ein finnischer Naturschützer wie Tero Mustonen die Kultur der Samen im höchsten Norden Europas verehrenswerter finden als die medial hochgeputschten Wertvorstellungen der Banker und Broker aus Frankfurt, London oder New York? Weil der Kontrast zwischen beidem die bequemen westlichen Wertvorstellungen relativiert. Was ist an alledem bemerkenswert?

Es sind jene vorhin erwähnten Teile der universalen Rationalität– Kreativität, Phantasie, Lebensnähe, Wirklichkeitssinn, Konkretheit, Empathie und Gerechtigkeit – welche unsere auf quantitative Messung reduzierte Wissensideologie übersieht. Denn all dies ist weit mehr als irrationale Emotion; es ist rational. Doch überall sind die Reste der indigenen Kulturen nicht verloren, sondern sie müssen nur freigelegt und vom Gewohnheitsschutt des Anthropozän befreit werden, der sie heute erdweit verdeckt. Wir finden sie im Wortschatz und in der Semantik ihrer Sprachen, teilweise sogar schon in ihrer Syntax, den ursprünglichen Überzeugungen und Religionen – jedenfalls bei sorgfältiger Betrachtung, nicht nur der üblichen oberflächlichen Musterung ohne dagegenhaltende kritische Reflexion der eigenen Gewohnheiten und Vorurteile. Dass dies leicht ist, behauptet niemand, doch dass dies unmöglich ist, wird vielfach durch die Tat widerlegt. Die bereits mit dem »Right Livelihood Award« Geehrten belegen dies.

Er hat alle Kontinente und Kulturen im Blick und auch die Meere nicht vergessen. Selbst auf den vielen kleinen Inseln im pazifischen Ozean gibt es Rationalität, die sich der Erhaltung des Zusammenhangs des ganzen Erdenlebens viel mehr verpflichtet fühlt als den Teilen, die uns bisher wichtiger sind. Ibedul Gibbons und das Volk von Belau (oder Palau) wurden schon 1983 zu Recht dafür ausgezeichnet, dem Druck der US-Amerikaner widerstanden zu haben, in ihrer Heimat Atomraketen zu stationieren, weit weg von Amerika. So ignorieren wir gern viele tausend Zusammenhänge, bezeichnen sie als »unwichtig«, vom Thema ablenkend, bloß, weil wir es zu schwierig oder unangenehm finden, uns für sie zu öffnen. Realitätsblindheit ist die Folge.

Ich nehme die nordamerikanischen Indianersprachen als Beispiel, weil wir sie heute besser kennen als viele andere Sprachen. Sie speichern schon in ihren Strukturen eine völlig andere Sicht auf die Wirklichkeit als die es ist, die uns durch Gewohnheit vertraut ist. Sie sind zwar auch linguistisch eher stiefmütterlich behandelt worden. Aber sie haben infolge des schlechten moralischen Gewissens ihrer Unterdrücker immerhin vergleichsweise mehr wissenschaftliche, künstlerische und philosophische Aufmerksamkeit erfahren als viele andere, über deren Realitäts- und Rationalitätsverständnis noch viel weniger bekannt ist. Ein Beleg ist der Erfolg von Henry David Thoreau. Dank einiger professioneller Linguisten wie Edward Sapir oder Amateuren wie Benjamin Lee Whorf kennen wir die Denkwelten der Hopi oder Wakashan inzwischen besser. Sie sind keineswegs irrational, sondern könnten uns klarmachen, mit welch rudimentären Begriffen von Realität und Rationalität wir bisher zufrieden sind. Viele nennen ein solches Wirklichkeitsverständnis »Animismus« und die Gaiatheorie »esoterisch«, weil sie dem anthropozentrischen Wissenschaftsverständnis nicht so entspricht, wie sie das gern hätten. Doch wahrscheinlich ist es umgekehrt; wieder mal könnten wir – sozusagen – bemerken, dass die Erde um die Sonne kreist, diesmal auf der geistigen Ebene.

Der Philosoph Ian Hacking hat sich die Mühe gemacht, uns die Rationalität einiger Indianersprachen zu erklären, bei denen nicht – wie bei uns – scheinbar unbelebten Bergen oder Seen Eigenschaften zugesprochen werden, sondern Landschaften als belebt beschrieben werden, weil sie tatsächlich voller Leben sind. Die Indianer begreifen sie als lebende Zusammenhänge, sie sprechen über sie nicht wie wir über Möbelstücke oder Ausrüstungsgegenstände, sondern so, wie sie auch über Lebewesen sprechen. Dazu benutzen sie keine Nomina wie wir, sondern etwas, was unseren Verben ähnlicher ist. Denn Lebewesen sind für sie keine beweglichen Gegenstände (wie für uns), sondern eher sich ständig wandelnde Ereignisse. Ihre Syntax folgt nicht dem Subjekt-Prädikat-Schema, sondern dem »Es regnet«-Schema. Dabei ist »es« auch nicht dasjenige, was regnet, und trotzdem kommt niemand auf die Idee, einen solchen nomenlosen Satz für irrational zu halten. Das Denken der Indianer ist insgesamt verbaler, prozesshafter, als wir es gewohnt sind, aber es kommt damit dem näher, was die materiegewohnten alten Physiker zunächst lange nicht verstanden, als die Quanten entdeckt worden waren. Es ist auch dasjenige, was die Gaiatheorie zum Ausdruck bringt und bei den Gefangenen des herkömmlichen Denkens verdächtig macht.

Nur wenige Linguisten und Philosophen waren darum bemüht, uns in ähnlicher Form die Sprachen- und die kulturelle Vielfalt verständlich zu machen, bevor es dafür zu spät ist. Schon die Indogermanistik hätte uns sensibler machen müssen. Auch für die ökologische Linguistik und die Sprachfamilienforschung gibt es weiter viel zu tun. Doch wir haben dafür noch eine ungewisse kurze Zeit. Einige vergleichende Religions- und Kulturforscher sind schon weiter, aber insgesamt behindert das Anthropozän viele Wissenschaftler leider beim Versuch, bessere Einsicht in die universale Rationalität und die Notwendigkeit einer neuen Wissenskultur zu gewinnen. Also fassen wir Mut, es lieber heute als morgen zu beenden. Die bessere Zukunft heißt Gaiazän.

Schluss: Sokrates bleibt aktuell

Über die Skepsis

Die amphibischen Grenzkenner mahnen: Skepsis steht der Wissenschaft gut an. Unser Wissen ist unscharf. Die Jahreszahlen der Historiker sind oft zu präzise kalkuliert. Erste Anfänge von allem gab es meist viel früher. Die europäische Aufklärung begann gewiss schon im alten Athen. Und dort gab es einen Philosophen, den man umgebracht hat, weil er angeblich Irrlehren verbreitete und die Jugend verwirrte: Sokrates. Wie sein Schüler Platon berichtet sagte er gern *oîda ouk eidōs,* also dem Sinne nach etwa »Ich weiß, dass ich nicht weiß« (und nicht – wie meist falsch übersetzt – »Ich weiß, dass ich nichts weiß«.) Er fand also das, was schon damals als »Wissen« verstanden wurde, viel weniger dauerhaft belastbar und abschließend glaubwürdig als die meisten vor und vor allem nach ihm. Große Teile davon hielten der kritischen Nachprüfung des skeptischen alten Mannes nicht stand, denn er sah, dass man immer noch an sie glauben musste, wenn man Wissen für wichtig hielt. Daran hat sich bis heute nichts geändert. Die Gewissheit ist trügerisch geblieben.

Das Anthropozän hätte ein Zeitalter des glücklichen Menschen werden können, wenn es durch eine besonnene, wirklich global orientierte Philosophie dazu ausgerüstet worden wäre. Tatsächlich hat die europäische Aufklärung zwar manche bedeutende Errungenschaft ermöglicht, doch sie hat einen zu engen Blickwinkel gehabt und dafür zu starke Worte gefunden. Einige sagen beschwichtigend, das sei eben ein »pars-pro-toto-Denken« gewesen – manchmal ginge es nicht anders. Das reicht mir als Entschuldigung nicht. Aus der Rückschau gesehen hat jedenfalls unsere alte Aufklärung das große Ziel verfehlt. Sie hat viel

Gutes ermöglicht, aber das Bessere ist dadurch nur in die Zukunft geschoben worden. Jetzt sind wir dran. Wir stehen heute vor der dramatischen Frage, ob es diese Zukunft überhaupt noch geben wird. Dies zeigt, dass wir nicht über Kleinkram reden. Ich habe es am Beispiel der Wissenschaft getan, die für das Anthropozän, aber auch das Bemühen, noch das Gaiazän zu erreichen, mitverantwortlich ist.

Auch die Wissenschaft ist sanierungsbedürftig. Dabei ist sie nicht ganz schlecht. Im Gegenteil: Sie ist sogar ziemlich gut. Es ist richtig, dass das Bemühen um Rationalität und das Bemühen um Objektivität sie leitet. Die binäre Logik ist viel besser als gar keine und das gleiche gilt für viele Pattex-Ethiken. Bei Schnelligkeit und Technik ist die heutige Digitalisierung unschlagbar. Wenn wir sonst sprachlos wären, hätte ich nichts gegen English only, und jede Bologna-Universität ist mir lieber als ein Umerziehungslager für Uiguren in China. Jede Marschmusik für die Wissenschaft klingt angenehmer als die Kakophonie der Megaphone von Lobbyisten und Influencern. Aber all das sind Einschränkungen. Richtig gut ist es nicht. Die Anthropozän-Wissenschaft, die wir haben, ist nicht schlecht, aber doch schlecht genug, um verbessert werden zu können; nein: verbessert werden zu müssen. »Nicht schlecht« bedeutet eben noch lange nicht »gut«. Und die Zeit drängt, denn das Anthropozän ist ein Selbstmordprogramm.

Um es noch einmal mit anderen Worten zu sagen: Für Leute mit geringen Ansprüchen wie den Pinkers oder Stegmüllers dieser Erde reicht die bisherige Wissenschaft und die ihr zugrunde liegende Aufklärung aus, denn sie sind bescheiden und überambitioniert zugleich. Wenn ich ihr eine Schulnote geben sollte, bekäme sie gerade noch eine 4, für vieles ausreichend, für alles nicht. Hoffnungsträgerin wird man so nicht wieder. Dafür muss sie ihre Irrtümer einsehen und Fehler abstellen, eine erneuerte Aufklärungsklasse durchlaufen.

Wenn wir uns ernsthaft aus dem verbliebenen Ideologiesumpf der restlichen Dummheit des angeblichen Wissens herausziehen wollen, in den wir durch eigenes Verschulden hineingeraten sind, müssen übrigens *a l l e* mitwirken, nicht nur diejenigen, die Wissen zu ihrem Beruf gemacht haben: die Wissenschaftler. Doch diesen kommt eine Hauptrolle zu. Verantwortung abschieben geht nicht. Sie, die angeblichen Apostel der Rationalität, müssen noch einmal selbst hinzulernen und umdenken; es wird nicht das letzte Mal sein. Sie haben Rationalität noch immer nicht wirklich verstanden. Wir brauchen einen neuen Wissensbegriff, den des verantwortbaren, stets für Zweifel offenen, alle Zusammenhänge und einen Ausgleich zwischen den verschiedenen Positionen suchenden Wissens. Wer sagt, den hätten wir schon, verwechselt den Wunsch mit der Wirklichkeit.

Ich habe mich in diesem Buch daran beteiligt, die heute bekannten Hauptknackpunkte und noch wenig begangene Pfade in der schönen Wildnis des Denkens aufzufinden. Dass das alles leicht sei, behauptet niemand. Leute, die in anderen Handlungsräumen unterwegs sind, müssen an der neuen Aufklärung aber mitwirken, ich habe dafür nur einige zentrale Exempel genannt. Meine eigenen Erfahrungen waren hierfür die Leitschnur. Noch ist die universale Rationalität alles andere als ausgelotet. Es gibt gute Gründe, an sie zu glauben, doch mehr als eine begründete Hoffnung ist das noch nicht.

Übrigens: Mehr als Hinweise auf die uneingeschränkte Rationalität hat auch Gaia nicht anzubieten. Nur durch Vernunft können wir den Fallen des Katastrophenzeitalters Anthropozän noch entrinnen. Einigen, vielleicht vielen wird dies zu wenig sein. Dann kann ich auch nichts machen. Zum Glück gibt es noch weitere lebende Warner – alte Leute wie den Club of Rome, mittelalte wie Greenpeace, aber auch junge, wie Fridays for Future – die sich mit den schadhaften Tatsachen des heutigen Bröckchenwissens nicht abfinden. Es ist nicht schlecht, aber noch verbesserungsbedürftig. Und auch verbesserungsfähig. Denn eine gern vergessene Botschaft der europäischen Aufklärung war ja, dass wir hinzulernen können, sogar über deren Wissenskultur hinaus. Dass wir, wenn nötig, sogar umdenken können, nur Mut dafür brauchen. *Sapere aude!* Keine Ideologie hat es verdient, stärker als diese Botschaft zu sein: *W i r sind dran!*

Ist es wahrscheinlich, dass uns dieser Wandel gelingt? Meine Antwort lautet: leider nein. Aber wir wissen, dass bisweilen auch das Unwahrscheinliche geschieht. Deshalb lenkt die Wahrscheinlichkeitsfrage nur ab; es lohnt sich jede Anstrengung. Sokrates, der kritische Skeptiker, ist nicht wirklich tot. Er lebt weiter als guter Geist des hoffentlich folgenden Gaiazän.

Nachwort und Dank

Die Wissenschaft ist eine bedeutende kulturelle Errungenschaft. Aber sie ist auch ein sehr abstraktes Thema. Wer interessiert sich schon dafür? Das Anthropozän ist vielleicht noch abstrakter, aber es hat einen vertrauenerweckenden Namen: *Zeitalter des Menschen!* Der Nobelpreisträger Paul Crutzen hat es so getauft und dennoch als Erdzeitalter beschrieben. Ich glaube, dass es noch verwickelter ist, denn die Wissenschaft ist zugleich Analytikerin und Mittäterin. Heute merken immer mehr Lebewesen, wie janusgesichtig das Anthropozän ist: gut gemeint, aber schlecht gelaufen. Wir können so wie bisher nicht mehr lange weitermachen. Man müsste also über etwas, das als etwas Gutes daherkommt, ganz anders schreiben, als es meistens geschieht. Das ist nicht einfach. Eine Abrechnung mit dem Anthropozän und seiner Art von Wissenschaft: Wie kann man über ein so schwieriges, abstraktes Thema so schreiben, dass die Leute solch ein Buch auch *l e s e n*? Das habe ich mich gefragt.

Letztlich weiß ich es selbst nicht. Ich habe es dennoch getan. Das erste Ziel hieß: *k u r z*, um die 150 Seiten. Ganz habe ich das nicht geschafft. Denn ich hatte noch ein zweites Ziel: *l e s b a r*. Das habe ich wohl noch weniger erreicht. Obwohl ich auch darum bemüht war, indem ich alle Fußnoten weggelassen, eine belehrende Fachsprache möglichst vermieden und viel Selbsterlebtes erzählt habe. Ich berichte zum Beispiel von persönlichen Erlebnissen mit kreativen Wissenschaftlern, weiblichen, männlichen, auch unbekannten, jungen, Amateuren. Den Platz fürs Erzählen habe ich mir genommen. Die übliche Schreibe der anthropozentrischen Wissenschaft ist umständlich und verlogen. Der Fachjargon soll möglichst objektiv klingen, geschlechts- und altersneutral, aber erreicht dies natürlich nie. Er erklärt den Ich-Stil zum Tabu, bevorzugt die Alten, die Spezialisten und die Sichten der Männer. Er erzählt nicht, sondern doziert, verbreitet Glaubensbekenntnisse.

Ich habe also versucht anders zu reden. Das war besonders schwierig und ist mir sicher höchstens ansatzweise gelungen. Immerhin trifft es mich kaum noch, wenn mir meine ehemaligen Wissenschaftskollegen dies nun um die Ohren hauen: Es ist mir ziemlich egal. Aber ich weiß natürlich: Fußnoten sind auch Belege. Die fehlen hier also. Eine kämpferische und kluge Feministin hat mir übrigens bereits vorgeworden, dass ich nichts aus dem Gendermainstreaming gelernt hätte. Doch ich bin ein Hauptstromskeptiker und halte solches – leider auch von vielen Frauen – für überschätzt. Schade, denn die Frauen spielen in meinem Konzept eine wichtige Rolle.

Die Erklärung für alles ist: Das vorliegende, gedruckte Buch war für mich nur realisierbar im zweiten Anlauf. Der erste Anlauf, für den ich das ganze coronageprägte Jahr 2020 gebraucht habe, hatte jene Ziele auch schon. Aber am Ende wurde klar, dass das Buch mit seinen vielen Unterthemen und Fußnoten weit mehr als 500 Seiten dick würde. *Schrecklich! Das liest doch keiner!* Ich hatte damals nämlich noch ein weiteres Ziel: das jeweilige Umfeld mitzubedenken, möglichst viele Zusammenhänge zu erwähnen, weil sie in der Wissenskultur des Anthropozän definitiv zu kurz kommen. Dieses Ziel habe ich hier in dieser 2021 geschriebenen Kürzerfassung stark eingeschränkt. *Ich muss also alles nochmal völlig neu schreiben: kürzer, lesbarer!* Dem Verlag sei dafür gedankt, dass er meinem Wunsch zugestimmt hat, jedem Interessierten auch jene zu lange, ungedruckt bleibende Erstfassung zusätzlich im Open-Access-Format als E-Book kostenlos zugänglich zu machen. Ich hoffe, dass man dort einiges von dem findet, was hier womöglich fehlt. Ich glaube nicht, dass es besser ist; es hat dasselbe Ziel, ist aber in einigen Punkten expliziter. In anderen auch weniger.

Beide Bücher sind typische Alterswerke. Von den noch Lebenden danke ich vor allem Ernst Ulrich von Weizsäcker. Sein gemeinsam mit Anders Wijkman geschriebener Bericht an den Club of Rome, der auf Deutsch 2017 unter dem schönen Titel *Wir sind dran* erschienen ist und auf Englisch unter dem vielleicht noch schöneren *Come on!*, war für mich der letzte Auslöser zu diesen Büchern. Er hat nicht nur das Vorwort geschrieben, sondern mit seiner erdweiten Präsenz seit langem ohne es zu wissen mein Denken beeinflusst. Niemand hätte das gedacht, damals, auf dem Schulhof unseres Göttinger Max-Planck-Gymnasiums. Er war vier Klassen über mir, zu viel für einen anfangs Zehnjährigen. Erst im Alter haben wir uns richtig getroffen. Von sehr verschiedenen Seiten kommend, er als Natur-, ich als Kulturwissenschaftler, aber auf ein ähnliches Ziel zugehend: die notwendige Neue Aufklärung.

Neben ihm möchte ich (in alphabetischer Reihenfolge) gern noch Darrell P. Arnold (Miami), Ludwig M. Auer (Radcliffe on Trent), Hildo Honório do Couto (Brasilia), Hermann H. Dieter (Trebbin-Blankensee), Gunnar Engblom (Lima), Wolfgang C. Goede (Medellin/München), Jane Goodall (Washington), Gregor Hagedorn (Berlin), Hermann Graf Hatzfeld (Crottorf), Hans-Hermann Hücking (Dortmund), Hayo Jochums (Duisburg), András Kertész (Hajduböszörmeny/Debrecen), Joachim Radkau (Bielefeld), Siegfried J. Schmidt (Münster), Wentian Shi (Guangzhou/Tübingen) und Rupert Graf Strachwitz (München/Berlin) danken. Von ihnen allen sind wertvolle Anregungen in dieses Buch eingeflossen.

Viele Nichtmehrlebende haben einen besonders großen Einfluss auf seinen Inhalt ausgeübt. Einige möchte ich nennen: Christiane Busch-Lüty zum Beispiel, die Mutter Courage der deutschen ökologischen Ökonomie, und den Physiker Hans-Peter Dürr, früher Schüler Werner Heisenbergs, später sein Nachfolger am Münchner Max-Planck-Institut für Physik. Beide waren Wegweiser für mich, sichere Visionäre des Gaiazän. Meine letzte Doktorandin, Stefanie Hermann, war schon krank, als sie den kritischen Journalismus einer Karriere als Wissenschaftlerin vorzog.

Der eindrucksvollste Lehrer an der genannten Schule war lange vorher Jürgen Gidion gewesen, ein wirklich philosophischer Kopf. Es hat mich gefreut, was mir Günther Patzig, mein späterer Hauptlehrer in der Analytischen Philosophie und Liebhaber der Klarheit, irgendwann erzählte: dass sie beide – ideologiebefreite Studienkameraden nach dem Ende des Zweiten Weltkriegs – jetzt im Alter wöchentlich zusammen im Göttinger Wald spazieren gingen. Auch an den Oxforder Peter Frederick Strawson denke ich gern. Er hat bei mir behutsam den längeren, schmerzlichen Abschied von jener Philosophie eingeleitet. Paul Feyerabend hat ihn später eher hart vollendet, mit seinem Wiener Schmäh flotter Sprüche, aber auch mit guten ernsthaften Argumenten. Und ihn hat Ernst Ulrich schon als junger Präsident der Hochschule nach Kassel eingeladen, weil er etwas zu sagen hatte: provokativ-phantasievoll, nie langweilig, gewiss bisweilen übertrieben, aber immer nachdenkwürdig. Schließt sich da ein Kreis? Nein, das wäre eine – freilich schöne – Illusion.

Bielefeld-Theesen, am Moorbachtal, im November 2021
Peter L. W. Finke

Literatur

Die Literaturliste wurde kurz gehalten und auf Monografien und einige Sammelbände beschränkt (bei Letzteren werden einige Beiträge hervorgehoben). Wenn eine deutschsprachige Ausgabe vorliegt, wurde diese genannt. Wer mehr sucht (Register, Internet, Literatur) findet manches im ausführlicheren eBook, auch in dessen Fußnoten.

Arnold, Darrell P. (Ed.): Traditions of Systems Theory. Major Figures and Contemporary Developments. New York and London 2017 (besonders: Arnold, Bateson/Guddemi, Finke).

Auer, Ludwig M.: Europa – Wunsch, Wahn und Wirklichkeit. Bde. 1 und 2. Zürich 2020.

Auer, Ludwig M.: Mensch und Demokratie. Streitschrift für eine globale Sozial-Ethik. Zürich 2021.

Chomsky, Noam: Sprache und Geist. Frankfurt 1973.

Clark, Bruce: Lynn Margulis, Neocybernetics, and the End of the Anthropocene (Posthumanities Book 60). Minneapolis 2020.

Crutzen, Paul: Das Anthropozän. Schlüsseltexte des Nobelpreisträgers für das neue Erdzeitalter. München 2019.

Dieter, Hermann H.: Verkommt die Ökosphäre zum ökotoxikologischen Großlabor? Düsseldorf: Institut für interdisziplinäre Forschung und Ökologie 1985.

Ellis, Erle C.: Anthropozän – Das Zeitalter des Menschen, eine Einführung. München 2020.

Feyerabend, Paul: Erkenntnis für freie Menschen. Frankfurt 1979.

Fill, Alwin F./H. Penz (Eds.): The Routledge Handbook of Ecolinguistics. New York/London 2018 (besonders: do Couto, Fill/Pence, Finke, Romaine, Skutnabb-Kangas, Harmon).

Finke, Peter L.W .: Die Ökologie des Wissens. Exkursionen in eine gefährdete Landschaft. Freiburg/München 2005.

Finke, Peter L. W.: Citizen Science. Das unterschätzte Wissen der Laien. München 2014.

Finke, Peter L. W.: Lob der Laien. Eine Ermunterung zum Selberforschen. München 2018.

Goede, Wolfgang C.: Colombias Negative Peace. A Challenge for Civil Society? Berlin: Maecenata Institute 2019 (Opuscula Series 130).

Green, John: Wie hat Ihnen das Anthropozän bis jetzt gefallen? Notizen zum Leben auf der Erde. München 2021.

Habermas, Jürgen: Auch eine Geschichte der Philosophie: Band 1: Die okzidentale Konstellation von Glauben und Wissen. Band 2: Vernünftige Freiheit. Spuren des Diskurses über Glauben und Wissen. Berlin 2019.

Hacking, Ian: Why does language matter to philosophy? Cambridge 1975.

Harari, Yuval Noah: Homo Deus. Eine Geschichte von morgen. München 2017.

Heisenberg, Werner: Der Teil und das Ganze. Gespräche im Umkreis der Atomphysik. München 1969.

Jonas, Hans: Das Prinzip Verantwortung. Versuch einer Ethik für die technologische Zivilisation. Frankfurt 1979.

Latour, Bruno: Kampf um Gaia. Acht Vorträge über das neue Klimaregime. Berlin 2017.

Latour, Bruno: Wo bin ich? Lektionen aus dem Lockdown. Berlin 2021.

Lesch, Harald/Klaus Kamphausen: Die Menschheit schafft sich ab. Die Erde im Griff des Anthropozän. München 2016 (stellvertretend für weitere populäre Publikationen von z. B. Hirschhausen, Horn/Bergthaller, Lesch, Schätzing u. v. a.).

Lovelock, James: Das Gaia-Prinzip. Die Biographie unseres Planeten. München 2021.

Lovelock, James: Novozän. Das kommende Zeitalter der Hyperintelligenz. München 2020.

Margulis, Lynn: Der symbiotische Planet oder Wie die Evolution wirklich verlief. Frankfurt 2018.

Obrist, Hans-Ulrich/Kostas Stasinopoulos (Eds.): Remember Nature. 140 Artists' Ideas für Planet Earth. Munich 2021.

Patzig, Günther: Gesammelte Werke in vier Bänden. Göttingen 1996.

Pinker, Steven: Aufklärung jetzt. Für Vernunft, Wissenschaft, Humanismus und Fortschritt. Eine Verteidigung. Frankfurt 2018 (auch englischsprachige Kurzfassung »für eilige Manager«).

Radkau, Joachim: Natur und Macht. Eine Weltgeschichte der Umwelt. München 2000.

Renn, Jürgen: The Evolution of Knowledge. Rethinking Science for the Anthropocene. Princeton 2020.

Renn, Jürgen/Bernd Scherer (Hrsg.): Das Anthropozän. Zum Stand der Dinge. Berlin 2015. (besonders: Chakrabarty, Edwards, Renn, Scherer, Sloterdijk, Zalasiewicz).

Runciman, David: So endet die Demokratie. Frankfurt/New York 2020.

Steffensen, Sune Vork (Ed.): The Aalpiri Papers. Two critical reflections on contemporary ecolinguistics. Odense 2019 (besonders: Finke, Mühlhäusler).

Stegmüller, Wolfgang: Metaphysik, Wissenschaft, Skepsis. Frankfurt/Wien 1954.

Stegmüller, Wolfgang: Hauptströmungen der Gegenwartsphilosophie. Vier Bände. Stuttgart 1989.

Stegmüller, Wolfgang: Probleme und Resultate der Analytischen Philosophie und Wissenschaftstheorie I–IV (insges. sieben Bände). Berlin/Heidelberg/New York 1973–1986.

Strachwitz, Rupert Graf/Eckhard Priller/Benjamin Triebe (Hrsg.): Handbuch Zivilgesellschaft. Berlin/Boston 2020 (Maecenata Schriften 18).

Strawson, P. F.: Individuals. An Essay in Descriptive Metaphysics. London 1959.

Strawson, P. F.: Logik und Linguistik. Aufsätze zur Sprachphilosophie. München 1974.

Wagner, Thomas: Die Mitmachfalle. Bürgerbeteiligung als Herrschaftsinstrument. Köln 1973.

von Weizsäcker, Carl-Friedrich: Die Einheit der Natur. München 1971.

von Weizsäcker, Ernst-Ulrich/Anders Wijkman: Wir sind dran. Was wir ändern müssen, wenn wir bleiben wollen. München 2017.

Weizenbaum, Joseph: Wo sind sie, die Inseln der Vernunft im Cyberstrom? Freiburg 2006.

Yüce, Nilgün/Peter Plöger (Hrsg.): Die Vielfalt der Wechselwirkung. Eine transdisziplinäre Exkursion im Umfeld der Evolutionären Kulturökologie. Freiburg/München 2003 (besonders: Busch-Lüty, Capra, Dürr, Fill, Finke, Laszlo, Makkai, Prigann).

Über die Autoren

Wiedersehen zweier Schulkameraden (© Bayreuther)

Der Kulturwissenschaftler **Peter L. W. Finke** (* 1942 in Göttingen) war nach seiner Habilitation neben anderen Funktionen und Orten über zwei Jahrzehnte Professor für Wissenschaftstheorie an der Fakultät für Linguistik und Literaturwissenschaft der Universität Bielefeld, bevor er 2005 aus Protest gegen die Politik der sog. Bolognareform und ein ungerechtfertigtes Disziplinarverfahren um seine vorzeitige Entlassung bat. In seinen Vorlesungen hat er oft davon gesprochen, dass Mut eine leider selten beachtete wissenschaftstheoretische Kategorie sei. Er ist einer der deutlichsten Kritiker der gegenwärtigen Wissenschaftstheorie, -praxis und -politik, insbesondere in Deutschland, Europa und den USA. Mit seinem grundsätzlich skeptischen Ansatz hat er sich auf den

Gebieten der Wissenschaftsphilosophie, der theoretischen Linguistik, der Kulturtheorie und des Naturschutzes einen Namen gemacht. Zu seinen am meisten beachteten Büchern gehören *Die Ökologie des Wissens* (2005), *Citizen Science* (2014) und *Lob der Laien* (2018).

Der Naturwissenschaftler **Ernst Ulrich von Weizsäcker** (* 1939 in Zürich) ist ein weltweit angesehener Biologe und Umweltforscher, aber auch Politiker. Er hat u.a. in Deutschland das Wuppertal-Institut für Klima, Umwelt und Energie 1990 gegründet und bis 2001 geleitet, außerdem war er 2012–2018 Ko-Präsident des Club of Rome. Er hat in einer Vielzahl von führenden Positionen, darunter auch solchen in den USA, in der Wissenschaft, aber auch in der europäischen Parteipolitik (SPD) Einfluss auf den Lauf des Anthropozän zu nehmen versucht. Er ist u.a. Autor von *Erdpolitik* (1989), *Faktor vier* (1995, zusammen mit A. und H. Lovins, später mit anderen Koautoren erweitert zum *Faktor fünf* und *Wir sind dran* (2017, zusammen mit A. Wijkman).